梵澄先生語録

王强　彭啟彬　選編

學苑出版社

图书在版编目（ＣＩＰ）数据

梵澄先生语录／王强，彭启彬编．－北京：学苑出版社，2017.6
ISBN 978-7-5077-5239-7

Ⅰ．①梵… Ⅱ．①王…②彭… Ⅲ．①梵澄（1909-2000）－语录
Ⅳ．①K825.1

中国版本图书馆 CIP 数据核字（2017）第 141052 号

责任编辑：战葆红
出版发行：学苑出版社
社　　　址：北京丰台区南方庄 2 号院 1 号楼
邮政编码：100079
网　　　址：www.book001.com
电子信箱：xueyuanpress@163.com
销售电话：010－67601101（营销部）67603091（总编室）
印 刷 厂：三河友邦彩色印装有限公司
开本尺寸：889×1194　1/16
印　　　张：6 印张
字　　　数：93 千字
版　　　次：2017 年 7 月北京第 1 版
印　　　次：2017 年 7 月北京第 1 次印刷
印　　　数：600 册
定　　　价：198.00 元

編者引言

徐梵澄先生（1909—2000），原名徐詩荃，字季海，湖南長沙人。先生少習外文，肄業湘雅醫學院。一九二九年，求學上海，因獲從遊魯迅，後留學德國，習藝術史、哲學，留學期間爲魯迅收集歐西版畫。歸國後因魯迅的授意翻譯尼采哲學，先後有《蘇魯支語錄》等譯稿四部行世。抗戰勝利以後，先生因中印文化交流計劃遊學印度，講學於泰戈爾國際大學，五十年代以後，先生棲止於阿羅頻多修道院，精研印度古、今韋檀多學，先後翻譯了印度古代哲學文獻《奧義書》、《薄伽梵歌》以及當代大哲阿羅頻多、神聖母親的著述多種。一九七八年底，先生皓首還鄉，因友人之紹介就職中國社會科學院世界宗教研究所。於整理出版譯述作品之餘，又拂拭舊籍，有《老子臆解》、《陸王學述》等書行世。先生六十多年的學術生涯，涉及尼采哲學、佛教、印度古今韋檀多學、道家哲學、宋明理學。此外，他還是詩人，藝術家。在晚年，他將自己的詩作删訂爲《蓬屋詩存》，他很寶愛這本詩集，以爲是唯一屬於自己的書。作爲一個藝術家，他有大量的書法、繪畫作品存世。

　　就通常所謂學術而言，我們可以把"精神哲學"看做梵澄先生學術中一貫的主題。他在《跋舊作版畫》（1989 年 5 月）一文中感慨自己"最不成功的"也最是"鍥而不捨"的是"數十年來所治之精神哲學"。在他設想的文集編纂計劃中，他將自己的文字分爲精神哲學、藝術論著、文學三類。該計劃没有實現，不過他特别指出作於一九五二年九月的《薄伽梵歌序》是屬於精神哲學一類的論文。在其它著述中，精神哲學的主題集中地見於《玄理參同》（1973）、《陸王學述》（1994）等書。前書的譯序說古希臘、印度、中國"各自有其深厚底精神哲學"。而《學述》則有"重建中國的精神哲學"的意圖，其中對精神哲學的"定名"、"建立"、"如何與爲何"都做了説明。就一般的氣質傾向而言，梵澄先生所擬議的精神哲學頗有幾分古典哲學的意味，其條目充類至盡，表徵一種對人類存在的高遠而莊嚴的形而上學想象，這遠於當代文化的一般氛圍，或者會成爲讀者理解接受的障礙。然而其本旨則一歸於 "善生"，其中包涵了對生命本身的神聖性的理解，其所指示的條理，如知覺性的清明、沉濁，生命力之强健、充實，頹墮、萎靡以及其正當的保育之道，都是日常生活中可以細加體認的事實，可謂 "道不遠人"，忠實於自己生命體驗的讀者，或者於此不難生發親切的相應感。

精神哲學十分重視知識的啟明，這一點在當代有重要的意義。人類的精神生活有多種表現，然而不論哪種形式，其中都不能儘免神秘的意味，即便是儒家這種宗教意味相對較弱的思想體系，其中也不免 "盡性"、"知天" 這樣不容易被解釋清楚的話。這固然有複雜的原因，梵澄先生說或者人類的天性中有一部份是好秘密的，在人類歷史上，密教的勢力也從來比顯教大。值得注意的是，在歷史上，甚至在當代，奸偽之徒往往假借人類精神活動中的秘密之地以遂其個人之私欲，或者也有原本出於虔誠的信仰，因用之不當而釀成悲劇者，如史籍中記載的 "妖巫" 以及教主之類，往往自誤誤人。重視知識的啟明，是要將信仰建立在清明的認識之上，必然是認識上其理可通，然後實踐上其道可行。

在梵澄先生的學術中，中國古典傳統佔有重

要的地位。他曾自述説他在本質上是一個儒家。他少時的塾師是湘中大儒王闓運的再傳，因爲這種經歷，他可能在少年時代就能欣賞漢儒的學術，他的一生行事也是"敦龐純固"的古風。傳統學術的寫作有一種特別的性質，顧亭林説"文之不可絶於天地間者，曰明道也，紀政事也，察民隱也，樂道人之善也"（《日知録》卷二十一）。清儒錢曉徵謂爲文有四旨，曰：明道、經世、闡幽、正俗（《潛研堂文集》卷三十三"與友人書"）。此種態度至太炎先生（1868—1936）還典型猶存。梵澄先生屬於同一傳統，其著述文字中"誦述古義"之處，往往有"針砭末俗"的用意。比如他感慨很難在一般知識分子中形成一種"敦龐篤厚之風，使人人皆有一種開國之豁達光明氣象"（1985年致姚錫佩書）。與此相應的是，他歡美漢人的"深純大雅"，也欣賞老子的返樸還淳（參《蓬屋詩存》楔語、《老子臆解》等）。他私下裏對友人説"當局應該提倡一點仁義，或許能改善一下社會風氣"（《梵澄先生》132頁），他甚至建議在大衆中普及宋明理學的一般知識，要使國人"掃除心盲，稍重倫理"，其中未嘗無哲人對"世、道交喪"的憂慮。這些論述中充滿了儒家式的"守道"精神，非流俗的學術文字可以相比。

　　梵澄先生的著述是英文多於文言，文言多於白話。本書的選輯範圍只包括中文著述，這使内容受了很大的限制。各卷之間大略有類分的意思，但不能十分分明。卷一、二大體上是關於儒家的話，主要選自《陸王學述》。卷三是論道家哲學的文字，多取自《老子臆解》。卷四、五涉及韋檀多學、薄伽梵歌、佛教等，皆與印度學術有關，其中特別選錄了數則與阿羅頻多、神聖母親有關的文字，主要是考慮到二氏對梵澄先生的重要影響。卷六涉及各種傳統的參同辨異，這是二十世紀，甚至二十一世紀中國學術面臨的基本問題，是梵澄先生學術的重要題目。卷七論西學，包括希臘神話，尼采哲學等。卷八爲藝術論，包括詩話、文話，書法論等。卷九是先生自述志業的話和日常的教示，主要取自書信，文獻依據與前各卷性質稍異，然亦有其特殊的風度。

　　本編輯錄文字一般都徑取原文，少數條目爲了主旨明晰、或者節省篇幅，有截搭的情況，有的條目中删去了部分照應前後文的話，也有部分語句因爲考慮到“異教”讀者的感受，略微作了删節。凡此種種，編者雖自認理由充足，但也深知其中的不妥，在取裁之際也頗費斟酌，有數條終究不能盡免斫傷的痕跡。很希望讀者在讀過本編之後去找原書來看，此乃編者之所至禱，而選輯本編之初衷，原亦有在於此。或者有讀者在讀過更完整的本文之後，用本編作玩索之資，那也是好的。在條目的斟酌上，除了照顧主旨，也考慮了閱讀的興趣，其中如"韋馱菩薩"、"閻羅王"的身世等，似乎瑣碎，但經先生講來也娓娓動聽。爲了照顧經過取裁之後的文意，文字中的標點也略有更動。或者有原文標點小誤之處，則徑自更改。原文中有部分指示語，經過取裁之後所指變得不很明確，編者在相應的位置加括弧并小字補足其所謂。一般而言，選錄的文字以平實爲主，是希望讀者在沉潛本編之後，或者增加知識，或者增強信心，釋疑去惑。本編因此故意略過了那些有玄學意味的話，"誦述古義"的文字也盡量不取。這個原則在最初的草稿中比較嚴格，增删之後則有部分逸出範圍的條目。

　　本編所依據的底本出版地不一，文字有繁體，有簡體，本編統一爲繁體字。底本中有少數異體字，比如用"徧"同"遍"，"祕"同"秘"，"髣髴"同"仿佛"，又區別使用"底"、"的"、"地"，甚至"牠"、"它"等，諸如此類，就讀書而言，這似乎不算很大的困擾，所以本編一般都從底本。

選用底本一般以初版本爲據，現有十六卷本的《徐梵澄文集》，或者統一用《文集》，可以方便讀者的覆按，但編者在參照了有關文字之後，發現兩本頗有異同，如梵澄先生主張將印度古典 Veda 譯爲"韋陀"，（唐人舊譯或作"吠陀"，或作"韋陀"，今則習用"吠陀"。）在社科版《五十奧義書》"譯者序"中皆爲"韋陀"，而《文集》本皆改作"吠陀"，梵澄先生曾特別指出過"吠陀"譯名之不妥。（參《傳》317 頁）其他文字之可疑者亦時見。若統一用《文集》則必然增加很多無謂的校勘工作，而且異文的來源不明，也會造成取裁上的困難。本編於底本文字可疑之處，通常也用《文集》稍事校勘，一般也都是兩本相同。又有數處底本字句小誤者，則徑自改正，并不特別說明。

梵澄先生論學文字中輕微的"玄學"色彩特別與一些"大話"（也可以説"至言"）有關，多是古典哲學中的常語，然意義并不十分明確。讀者或以爲大言無當，不免要起反感。梵澄先生自己曾説"若科學之知，因訓練學習而得，則玄學之知，亦因修養證悟而成。存其説而内中自求證解，實是明智而不悖於科學精神"。（《玄理參同》卷一）讀者若究竟不能相應，當然也不必强求其同似。梵澄先生的教言還有一種特殊的文字風格，因爲他不平常的求學經歷，加以長期生活在印度，使他的文字中保留了一些特別的以及舊式的用法，其中有殊堪欣賞者，但有的地方普通讀者或者也不敢領教。於此希望讀者稍具“耐心”，克服這點文字上的小小隔閡，用心深思這些教言，或亦將有得於所謂“心之所同然者”。

2016 年 7 月 26 日編者識

目　録

卷　一　二十條

1 守傳承，求進步，多讀書，皆凡俗語，學固無止境者也。（《石鼓文書法序》 《文集》卷四220頁）

2 宇宙人生之真理，無限際，不可量。自文明開化之初至現代，人類所已知者，皆有限，微末，不能與其所未知者相擬。正因此，前途可開發之地域無窮，而人類文明之進化無已。通常遇到思智已窮之域，我們稱之曰"不可思議"。"不可思議"固然是真實，然也是遁辭，必使今之認爲不可思議者將來化爲可思議，乃是文明進化的原則。於是人類盡其所能向前奮鬥，邁進，亦無已時。（《佛教密乘研究——攝真言義釋》序 《文集》卷四190—191頁）

3 近代罕言"聖人"，然神聖境界，是日常人生之一真實。（《南海新光》 《文集》卷一 7—8頁）

4 精神實踐之學，似虛而實實，義解固然要明通，然所重在**實修實證**。宋儒也常講"變化氣質"，是實際在身、心、性、命上講求，要改變過低等自性。然宋明的理學家，雖多講"心"，多講修爲之方，很少發露其所臻至之目的地。"臻聖境"不是一淺語，未易爲凡俗所窺。若自己未臻至而加以揣摩描畫，亦不異於"貧子說金"，夸他人的富有，所言其爲重金屬、爲黄色等，固然也說的是，然與己毫不相干。許多宗教裏的辯士，多不免此訾病。然俗語說"江山易改，本性難移"，要凡人時時刻刻走超上一途，必將其低等性格改變過，這便不是容易事，按之於實際，則需要長時期的修爲。

（《南海新光》《文集》卷一 8頁）

5 通常語文中說花草滋長很有精神，或某人之行動很有精神，皆是形況語。則是指花草之鮮活，茂盛，或某人的身體强健，行動有力，言行相顧，能貫徹主旨……等等。克實言之，這皆是今之所謂生命力的表現，收攝在此一名詞之内。而人，在生命之外，還有思想，即思維心，還有情感，即情感心或情命體。基本還有凡此所附麗的身體。但在最内中深處，還有一核心，通常稱之曰心靈或性靈。是這些，哲學上乃統稱之曰"精神"。

但這還是就人生而說，它雖覺似是抽象，然是一真實體，在形而上學中，應當說精神是超乎宇宙爲至上爲不可思議又在宇宙內爲最基本而可證會的一存在。研究這主題之學，方稱精神哲學。這一核心，是萬善萬德具備的，譬如千丈大樹，其發端初生，只是一極微細的種子，核心中之一基因，果殼中之仁。孔子千言萬語解說人道中之"仁"，原亦取義於此。（《陸王學述》三 12—13 頁）

6 縱觀西方歷史，可見到基督教初興時怎樣被排斥，受壓迫，到中世紀又怎樣排斥邪教，壓迫異教徒，以及後來的宗教戰爭；在東方則南亞以及中東，印、回之相殺，亦至今未已。若使我們不用歷史唯物論的眼光看，推出種種原因，而專就宗教而論宗教，則其流毒生民貽禍人類之罪惡，可謂上通於天。由此我們不必因無西方的宗教而自慚，反可因此而自幸了。中國誠然從西方接受了佛教，但本土亦有道教。儒教雖偏於教育之教，而非宗教之教（在近世這名詞的涵義內），然而，高尚的道德、倫理，在西方多包含在宗教內。在中國卻一貫建立於儒教，即孔、孟之道內。倘若我們繼續一貫發揚我們的孔、孟之學，以近代新眼

光有所揀擇而作此精神追求，則客觀對我們的愚昧偏見，可以不問。（《陸王學述》四 17 頁）

7 在學術上依他人的好尚爲轉移，自己失了主見，便將勞碌無成。大概在這世紀七十年代中，有班西方人忽大熱中於古印度之《韋陀》，以爲是一條通天之路，在韋陀教其實也是以此自信的。便要恢復三千多年前之祀神儀法，召集一班學者，在南印度大作其祀神典禮。陳列陶片，斟灌酥油，念誦咒語，一遵古制。其結果可想，事實上是演戲而已。在印度教聖經《薄伽梵歌》中，已斥《韋陀》之如遍處有大水時地中的一小池，則早已無甚價值。適見其學術重心，不在本土而在他人，異國。若有西人從印度之殘蠹破書中，揀出一種稍加拂拭，以作其論文，取其學位，詡其深造，則在印度本土必大起一陣驚擾，加以提倡，因爲外國人高興。幸而中國還沒有染上這惡習，可說學術之重心未移，仍在國內。（《陸王學述》四 17—18 頁）

8 文化事業，多看不出實利，而其利較之常人所見之眼前實利，乃大過千百倍而無限。急功近利當然爲世俗所輕，縱使是急近功而圖實利，也應從另一方面着手，所謂以義爲利，然後有得。西洋俗諺：
哲學烤不出麵包。但沒有哲學，根本不會知道爲人，
那麼，更不會知道烤麵包以及如何吃。"雖有粟，
吾得而食諸？"一般而論，哲學，無論唯心或是
唯物，皆不會無用，不會與人生無關。但從始至終，
多少亦應求其實證。科學不必説，就此深奧的心
學而言，在自己有自己的體會或實踐，乃是至關
重要的事。對他人能表白得出、或表白不出，乃
是外向的事，不關重要。不妨先自成己，然後成物。
（《陸王學述》四20頁）

9 當代掃除文盲是一偉大工作。倘識字而後，便教
以粗淺的宋明儒者之學，即教以如何做人，似乎
也甚重要。即掃除心盲，稍重倫理。古人於這方
面講究倒是很精微的。尤其我們是中國人，始終
離不了這些道理。（《陸王學述》四21頁）

10 學者也誠然要有點氣概，志趣高遠，方不沉埋
於卑陋凡下處。陸子曾有句云："仰首攀南斗，
翻身倚北辰。舉頭天外望，無我這般人。"其氣
魄之大，由此是可想見的。也誠然要有這種氣概，
個人與社會方有進步，方可踐履崇高上達之途。

一般道德水準方可提高，凡人不致淪於卑鄙下賤。
周敦頤之愛蓮，亦是此理。（《陸王學述》八 49—50 頁）

11 舊式家庭教育，嘗説"父兄之教不嚴，子弟之
率不謹"，則前輩之於後輩，也頗有道義上的責任，
何況於執贄而稱弟子者？但爲師者亦如爲父母者，
往往不免愛才，偏蔽。多因有才，遂被偏愛，爲
師者在若干場合，只好明知而掠過，無由處處謹嚴。
象山有一弟子，寵一妓女，也姓陸，誠之亦不聽。
有一日他説爲此做有文章。同門等聽他説有文章，
便也願聽。他朗誦："自遜、抗、機、雲而後，
天地間之英氣，不鍾於男子而鍾於婦人。……"
這時雖象山之道貌岸然，也不免開顏一笑了。孔
門自來是有教無類，爲師者一律是春風化雨，"有
如時雨化之者，有成德者，有達材者，有答問者，
有私淑艾者"，不能只是秋霜肅殺，戕賊了民族
生機。（《陸王學述》十八 175 頁）

12 究之精神哲學的領域，本自無邊，其出發乃自
心源，而心源無盡。所以標舉這精神哲學者，因
爲這——"此學"——較純粹思辨哲學的範圍更大，
它能包含後者卻不被後者包含，思智只屬精神"大

全智"的一部分，而出乎思智以外的知識有待於開發的尚多。就名相言，精神可容納思想，而思想涵蓋不了精神。無疑，至今精神真理多涵藏於宗教中，但宗教已是將層層外附如儀法、迷信等封裹了它，使它的光明透不出來。偶爾透露出來的，的確是"放諸四海而皆準"的達道，即陸氏（象山）所説之"心同理同"。（《陸王學述》二十216頁）

13 五千年中國文教菁華原自有在，不得不推孔、孟所代表的儒宗。仁民而愛物，於人乃仁，於物不必仁，而亦不失其愛。從容中道，走出了一條和平忠恕的坦途，能善其生，即所以善其死。有了宗教之益處，而不落宗教迷信之邪魔。脱去了一切心理上自加的纏縛，如天堂、地獄、原生罪、風刀之考、六道輪迴……等等荒謬幻想。所謂神明華冑，出生原本自由，不必入教堂受名或受洗。（《陸王學述》二十217頁）

14 古之"禮"，在孔子以前，以近代眼光看，雙包宗教與哲學，許多儀文，至今只合在宗教中攝。子思出而儒學有獨立之哲學傾向，曾子之儒學傳下至孟子，儒家哲學卓然確立，而宗教精神亦猶未失。

於荀子見一別枝而終場。墨子之宗教精神偏勝，而宗教儀法大被其非難。惠子、公孫龍子等皆純思辨哲學，與希臘哲學——智論師或遊士派——相同。老、莊出而清談起，哲理勝，宗教精神衰。佛法入，雖本原非宗教亦非哲學，（如晚近歐陽大師辨之甚明）而二者之精神并存。道教興，齋醮盛，天書起，而其哲學衰。禪宗盛而宗教與哲學雙泯。陸、王出而二者之精神合，朱子亦然，宋、明理學俱有恢復古“禮”之傾向。近代中國無似古西洋之哲學，亦無似今印度之宗教，無其利，亦無其害。目前為俱收并蓄時代，一皆取之域外。將來似可望“精神道”之大發揚，二者雙超。（《玄理參同》七 255—256 頁）

15 我們現代輸入了一大部唯物論，勢欲推翻一切，不但古之信仰亦并古之哲學，這在態度上至少是欠博大了，未能包括無遺以成就我們的學術之大。（《希臘古典重溫》《異學雜著》15—16 頁）

16 在近世工業革命以前，全世界的大事大致只有兩種：一軍事，一宗教。自有史至今，人類生活的一部分，倘若不是最大一部分，皆為宗教所佔據。隨着文明的進步，宗教裏面許多迷信皆漸消滅了。西方是自希臘羅馬世界起，已有理性論的大潮流一直灌到如今。如希頗克那帖斯，說"中風猝倒"，沒有什麼生理以外的原因。亞里士多德已反對說作夢有何預示。啟克羅反對巫卜預言。耶毗鳩魯斯及路克列耶烏斯，皆論世界程序，無需神力。中國則是自春秋時代以後，當時如季梁、子產諸人物，漢世如王仲任之流，皆可說是理性論者。究竟理性論在歷史上救正了許多事。到現代人類精神總算解脫了許多束縛，近於科學的世界觀了。理性論在人類文明發展史上的功勞不小，救正了許許多多錯誤與歧途，但它是有局限性的。倘若將其擴充，將所謂"良知"、"良能"皆納入它的領域，而出乎其外與超乎其上，仍有廣大底精神領域，是它所嚮往的。以之為上達的初基，進一步乃是精神哲學的探討。（《徐梵澄傳》引"奧義書說明" 312頁）

17 今世中西學術昌明，分科繁細，重外輕內，枝葉深蕪，而人生大端，或昧略矣。世愈不治，亂離瘼矣。倘世界欲得和平，必人心覺悟而循乎大道，舉凡儒、釋、道、印、耶、回，皆所當極深而研幾也。是皆身心性命之學，略其形式，重其

精神，就其所長，自求心得，不議優劣，不畫畦町，
開後世文明運會之先端，祛往古異教相攻之陋習，
則大之足以淑世而成化，小之足以善生而盡年。
夫智無涯而生有涯，世界五千年之文明，東西方之
智術，安可窮也？安可窮也？何居乎？量沙算海，
泛濫無歸，若考信典籍，專務外求，則新莽時人
有死於書卷間而不悟者。若守道不堅，立義不篤，
則近世學者有六變而駭世焉者。然則存其大體，
身體力行，深造自得斯可矣。且自有人類，智術發
於心源。今聚全世界古今教典圖書，亦不能謂真理
罄盡於是也。而世變愈深，禍亂愈烈，雖夢所未見，
亦事之恆有，必不能盡求於史有徵，於法有據而
相應。然則唯有返求諸己，覺自內心，常養靈明，
不枯不竭，則真理層出，大用無窮，寶珠在衣，
靈山不遠，不疾而速，不行而至，竟可得其嚮導，
臻至圓成。要之，希聖、希天，終必發蒙乎內心矣。

（《薄伽梵歌》初版序言 15—16 頁）

18 人生萬事萬物，因緣錯綜，巧曆精算者皆莫得
而測也。非知真則無以覺緣，非至靜則無以觀動，
然在佛家緣覺猶人天小果也。無論果之大小，或
上生品位如何，或甚至成佛，去私我終爲發軔之

始矣。（《薄伽梵歌論》譯按 《文集》卷八 349 頁）

19 如果在文字上皆已明白，（這仍只可到一限度）在義理上已有會通，這仍屬知解上的造詣，不是究竟。究竟是在生活上實踐這些道理，化紙上的死學問爲人生的活學問，而得其精神實益。姑舉一例：握粟出卜。一鄉下婦人，遇到某事爲難、兩可，握着一把粟米去請一位卜卦先生替她占一卦，解決她的疑難，便用這粟米作報酬。我們姑且不論這事對不對，以卜易而論，至少這仍是活學問，在農村中嘗存。可能她所問的不是高上的哲學疑難，而其卜卦先生不是精神鉅子，但這事仍不失爲大《易》的一部分，如馬體上之一毫毛。至若智識分子讀《易》，其解會與運用不同。如陸象山讀艮卦"艮其背，不獲其身"，曰：無我。至"行其庭，不見其人"，曰：無物。——這解釋多麼爽朗明決。——其所謂"無我"、"無物"，不是如釋氏之説"一切皆空"，而有其積極一方面曰"任理"。但這還屬"以言者尚其辭"範圍。實際貴乎踐履"無我"、"無物"之境，使動靜云爲純爲一片天理。如陸象山之所爲，方可謂善讀此一卦辭。推之於讀老、莊，皆是如此。總歸

是要使紙上的死文字，化爲人生的活學問了。（《三玄通論》序 《文集》卷四 232 頁）

20 （佛教）義學久已爲人所詬病，分擘微細，注疏殷繁。奘制而後，舉凡料簡、述記、樞要、義燈、演秘、義蘊，義演、疏鈔、學記，以至直解之類，陳陳相因，層出不窮，率皆逐跡迷源，守文望道。此則中、印同病，當世亦稀。雖然，其有未嘗窺此學者，愚且將委婉而告之曰："此固當研治者也。"其有耽嗜此學者，愚必正色謂之曰："置之，斯得之矣。"（《安慧三十唯識疏釋》小引 《文集》卷四 136 頁）

卷　二　三十八條

1 這宗古學，內容不是不高深、優美，在古代不是不普遍，從宋代流傳至今，未嘗斷絕，只是如今有斷絕的趨勢了。姑斷自馬一浮止，可推爲迄今最後一宋學大師。馬氏之後，尚未聞有專於宋明理學之大師出現。然則正在這"絕續之交"點，重溫此一理學，不是沒有意義的事。必然是要有於此學身體力行的人物，走出了其書院或學院，說出平民大衆皆可了解的話，然後對社會有影響。

（《陸王學述》一2頁）

2 此一聖學，近人以其內涵有多處與歐洲人文主義相合，又指爲中國的人文主義。歐洲的人文主義，是越過千餘年，要擺脫中世紀的愚昧和對上帝的信仰以及附着滋生的迷信的種種束縛，而恢復到古希臘的理智時代。此則有同於宋儒之復古。然宋明儒者，取材於"觀乎人文以化成天下"（見《易》之"賁"，"文化"一名詞，古義原出於此。）其志度之高大與廣遠，遠非歐洲人文主義者所可及。然過度着重了"人"，忽略了物，只助成倫理學的建立，而阻礙了自然科學的發展。（《陸王學述》二9頁）

3 何以現代可將此宋明儒學列入精神哲學一類呢？——因爲二者内容大致相類，而宗旨頗同。在精神哲學中，普通總是以身與心對，中間還有一情命體。心則言情感心（heart）和思維心（mind）。在稍精深的瑜伽學中，還涉及其間之微妙生理體，論及人性，則分高等自性和低等自性。宋明儒學說爲身、心、性、命之學，也是分別探討，主旨或最後目的爲"變化氣質"。而精神哲學也着重"轉化"。——兩者皆着重身、心之修爲，而"轉化"是何等艱巨之事，儒者最有經驗，如大程子之"見獵心喜"的著名故事。俗語所謂"江山易改，本性難移"，若是先天遺傳，便無從更改，若是後天所習，則可改變，然是俗語所謂"搖籃所學，入墓方休"，近於頑梗不化了。然而困難不是棄置的理由，世間事沒有不是經過困難而成就的，而自古至今，正不少人嚴肅地從事於此。先天之遺傳，其間正不少瑰寶，待後天如何發現，貴重，珍惜。（《陸王學述》三13—14頁）

4 重温陸、王，即是意在雙攝近代哲學與宗教原理
而重建中國的精神哲學，其所以異於純粹思辨哲
學者，則在乎躬行實踐，内外交修，求其實證，
即所謂"自得"。態度仍是科學的，脱出了玄虛。
終期於轉化人生，改善個人和社會，那麼，亦可
謂此爲實用精神哲學。而又有進者，精神所統轄者
如此弘大，故此哲學亦廣闊無邊，正不宜精細界劃，
中間存有充分發展的餘地，留給將來。人類的心
智永是進步的。（《陸王學述》四 21 頁）

5 象山教人，以發明本心爲始事。此心有主，方可
應天地萬物之變。象山自己見道，自云亦純由"四
書"，本《孟子》擴充四端之説，教人明心，即先
立乎此一大本，然後一切涵養省察之功，有其歸趣。
（《陸王學述》六 31 頁）

6 象山講"生聚教訓處便是道"，是就當時事勢而
言。以南宋之偏安，士君子無時不有恢復中原之
念，所以提出范蠡霸越之"（十年）生聚，（十年）教
訓"之語。考其晚年荆門之政，如整頓吏治，築
立城池等，功績巍然可觀，不下朱子，或且過之。

周必大嘗稱其爲儒門躬行之效。大抵儒林之事功，自范仲淹而後，遠非"袖手談心性"而已。（《陸王學述》六35頁）

7 朱、陸兩家學術之同異，這是一複雜龐大的問題。現代研究也當是朱、陸并尊，必是朱子方可批評陸子，必是陸子方可批評朱子。兩家門弟子互道短長，已屬無謂，而今世再修治古已沉埋之戈矛，左袒右袒，交攻互訐，則做戲而已。我們只可采取兩家之學，求其精蘊，與現代所謂精神哲學合者，從而表述，或力之所及，從而發揚光大之，方云有益。（《陸王學述》六37頁）

8 （象山）有云："今一切去了許多繆妄、勞攘，磨礱去圭角，浸潤著光精，與天地合其德云云，豈不樂哉。"——"合德"之説，出自《周易》"乾"之九五。間嘗思之，"乾"之九五，爲"飛龍在天，利見大人"。——"見"今言"現"——所謂"與天地合其德，與日月合其明，與四時合其序，與鬼神合其吉凶，先天而天弗違，後天而奉天時。天且弗違，而況於人乎？況於鬼神乎？"——凡此云云，以文明進化的立場觀之，有其極悠遠的歷史背景，竟無妨説，源於初民部落對其酋長或首領的崇拜。"大人"指其"人君"或君主。如頌堯之仁如天，則已是文明開化之後的此一崇拜之留痕。西方的精神哲學以及瑜伽學，皆有與宇宙間至上神聖者或與自然合而爲一之説。這是將自己的人格擴大化，實際上已是無帝王可稱，乃有此抽象化的理念。在君主時代，爲避諱起見，"利見大人"，自然不好稱"利現"，朱注解此"見"字如常義，以回紇見郭子儀爲喻。似乎陸氏以成就爲聖賢爲主旨，"合其德"，"與天地相似，故不違"。（《陸王學述》六39頁）

9著意精微轉陸沉，此頗有見地。"精微"之學，原是"著意"不得的。往往至精深極微妙之處，只可心領神會。於此不可執着。以道學正統自矜者，未免此過，使人感覺其道高深莫測。（《陸王學述》七43頁）

10《西銘》中云："故天地之塞，吾其體；天地之帥，吾其性。"兩語，最爲見道。推之於印度韋檀多學之"自我"，其理一般無二。又云："尊高年，所以長其長；慈孤弱，所以幼其幼。聖其合德，賢其秀也。凡天下疲癃殘疾惸獨鰥寡，皆吾兄弟

之顛連而無告者也。"可謂孔、孟哲學之菁華，
西洋之"人道主義"，舉不外是。……一言以蔽之，
曰：不自私。或曰：無私。是放諸四海而皆準之
義理。（《陸王學述》八 47—48 頁）

11（象山）又云："學者須是打疊田地淨潔，然後
令他奮發植立。若田地不淨潔，則奮發植立不得。
古人爲學，即'讀書然後爲學'可見。然田地不
潔淨，亦讀書不得。若讀書，則是假寇兵，齎盜糧。"
這一段話，幾乎是完全與西歐基督教的修爲一樣。
即"打掃田地"之說。"田地"是說"心田"。
那譬喻不說"田地"，卻說"殿堂"，應當打掃
清潔，乃能安妥神像，即人的心靈。荆棘污穢，
則喻人欲。從俗說：人的良心不正，則愈有本領
只愈助其爲惡。如今西方的犯罪者，很少是無知
無識的人，多是知識分子，而且精明能幹，技術
高强。我們當然不會偏激如莊子，以仁義聖智歸
之於大盜，但以今世之社會現實而論，如造僞鈔、
販假藥，制毒品，劫人質，……種種社會上的罪
惡，皆非很高的技術不行。所以象山謂此等人若
以學問傳授之，使之"讀書"，則無異"假寇兵，
齎盜糧"。（《陸王學述》八 46 頁 49 頁）

12 朱子有“天理流行，人欲淨盡”之說，其說大有可研究者在。後世非之者，以爲貽禍不淺。但近世的精神修爲，多是説治心而養生，養生莫善於寡欲。“欲”，即情命的要求，不可剿絶淨盡，重在轉化之而趨於神聖一途，即使之歸順。歸順於天地間之“理”，西方稱之爲“上帝”。此則於《禮記》所謂“傲不可長，欲不可從（從，即‘縱’）”之説相合。總之，鴻龐美善的生命力，是不可戕賊的。要培養，使之用於正途。（《陸王學述》八49頁）

13 禪家有許多公案、語録，宋學家也有些軼事、記聞。清人有攻宋、明道學家之語録者，古文家且以語録爲俗物，以其言羼入文章爲病。“以爲異端記其師語，謂之語録，猶之可也。吾儒何必摹仿之，亦成語録？”……這，似乎不能責備道學家怎樣鄙陋。大抵歷史文字之用不外兩匯：一記事，一記言。古史中言與事俱記，而一部《論語》，便可謂爲最古之語録。子游、子夏之徒，在哲人既萎之後，收集同門同志多年的筆記，互相考訂，加以編纂而成，開端便是“子曰”，與語録中開端多作“先生曰”，一般無二。或亦算“子曰”，則是尊稱其師爲“子”

而非孔子。可見清人之攻擊，乃是忘記了其起源，在這一點上，不是道學家摹仿了釋氏，而是禪師家摹仿了儒宗。（《陸王學述》九 57 頁）

14 自來學林有此見解，謂宋學之形成是受了禪宗的影響。這是事實。同時宋學影響了禪宗，也是事實。相互有影響，不足以證明何者爲高明、較勝、光榮。程、朱皆是用心研究釋氏以及老、莊有年，然後卓立其理學，各成其教（非宗教）。而禪門之南能北秀，燈印相承，自成其系統秩然。究竟禪宗是中國本土文化的產物，也無可諱言。菊花的本種不過是野地裏星黃的小花，及經培植了若干代已變成如雲如霞的大花了，可以爲喻。又如文化交流，有時必不能不相互影響，雖欲拒斥之亦難奏效，康昆侖彈琵琶已染胡風，倘若恢復雅正之聲，必須淨盡廢棄所學十年，重新學起。思想之流傳，倘其中涵真理，真是速於置郵而傳命。往往正知覺在排斥它，而潛知覺在吸收它。（《陸王學述》九 58 頁）

15 王陽明的功業是偉大的，可說其軍事上的勝利，及勝利後的設施，挽救了大廈將傾明武宗的王朝，明祚又延續了一世紀又二三十年。其事蹟具在史籍，去今不算很古，容易搜討。歷史上正色立朝的文臣不少，名將亦多。但自今觀之，絕少爲一時代的哲學大師，而又統軍作戰，功業巍然，有如陽明者，不多有。其事功發自學術，其學術發於心源。赫然一系統良知哲學，至今猶存。那麼，尋討其哲學之成，及其精義所在，乃今人之責。（《陸王學述》十66頁）

16　"感應"是實有其事，若以古喻言之，將兩琴一置於堂，一置於室，"鼓宮宮動，鼓商商應"，是聲波之震動交感。在科學上可能，在人理上可有。但這方面的道理，至今未能充分闡發，尚待多方的證明、研討，徒有喻量，未能立宗。現代西方有從事於此事之研究者，稱之曰"外副心理學"（parapsychology），該學尚未能成立。"先知"與"感應"相聯，則其作用必有能感與所感兩方面。這是頗不容易弄明白的一問題。正因此，乃有精神哲學上的探討。毋妨姑作這麼一種說明：彌漫宇宙人生是一大知覺性，這知覺性之所表便是生命力，或者，如某些論者說彌漫宇宙人生只是一生命力，而這生命力之所表便是知覺性。兩說是同一事，只是後說時時有無生命物一外在事實在相對，較難分說。毋妨假定知覺性是體，生命力的活動便是其用，體不離用，用不離體，此即宋儒之所謂"體一"。而各個人皆是此同一知覺性的中心點，各個人彼此不同，此即宋儒之所謂"分殊"。（分字，通常讀去聲，名詞。）在人人皆有此共通之知覺性，共通的生命力，此之謂"氣"。氣有同（其震動度如聲音震動之頻率相同），則共鳴，乃相感。此即《易經》之所謂"同聲相應，同氣相求"。於此我們又當假定凡人皆有一生命力的氛圍，周繞全身。譬喻之說，是一光圈，不但是在頭上，如宗教畫像上往往作一大圓圈，塑像則作光熠等，而且包圍全身體。這是看不見的，倘身體健康，心情爽直，思想純正，則此氛圍充實，此即孟子所謂"浩然之氣"。"以直養而無害，則塞於天地之間"，正是描寫此知覺性之遍漫，充塞宇宙。由此一中心發出的信息，很易傳達到另一中心點，穿過那另一氛圍而注入其前方知覺性中。譬喻說，同此一水，一波傳到另一波，造成了相同的震動。當然，這程序還牽涉"意念"，——在其高度與常度則爲"志"，——的問題，頗爲複雜。心思知覺性之所在，即有生命力在其間，故曰："志至焉，氣次焉。"（《陸王學述》十三86—87頁）

17 靜則生明，是常説。究竟如何是靜？大致靜是指靜心，不思維什麼，使遊思雜念不起，這是需要練習的。如陽明所説："實無無念時。"倘若真是無念了，那心思境界只算冥頑，不是見道。倘內心到了非常平靜時，耳、目之境不相接觸，心思不動而自主，有如蒼空或同溫層之明淨，倘有外來的心思或情命的形成出現，乃如一層煙雲浮起，自然在這背景上顯出，內心成此觀照，得其知識，有如明鏡照見一物之相，此乃所謂靜則生明。主敬存誠是一法，戒慎恐懼也是一法，如陽明所説"去私意，存天理"，尤爲有效之一法，——其實此類皆相通——是經過若干試驗而後得的結論，也是最簡易之道。日常動作云爲皆守着這原則，亦用不着又分別修靜，或求入定。心有主宰，亦自靜，自定。通常修靜者，是唯恐此鏡之不明，唯恐此霄空之不淨，唯恐微雲滓太清。今若有人偶值心境清明之時，瞥見或感知在遠的一點什麼，便起私意，妄想這是神通之力，自許先知，説出預言，驚世駭俗，此非"簸弄精神"而何？或不幸又時有所中，如賭徒偶爾贏錢，則其後果不堪設想。不是聰明誤人，而是聰明人自誤。——總之，習靜、修定到了某一階段，便有這種誘惑，有如耶穌所受的試探。最平穩安全之法，還是如陽明這經驗所指，息息去私意，存天理，循此正道上達。（《陸王學述》十三 88 頁）

18 何以修道者時時想入山林？當然，山林清幽之處，悅目娛心，少市塵之紛擾，撲鼻無濁氣，入耳無噪音，便於習靜。但這是顯著的一面。另外還有隱晦的一面。在人煙稠密之區，多個人之生命力紛紜擾攘，正如其身體之肩摩踵接。用西方的舊譬喻說，有如滿空飛着羽箭。一般是無害的，然對習靜者流，便是無謂的干擾了。必然又需下一番功夫，保持內中的寧靜。所以不如遠遊，到山林幽僻之所。但明通之士，多是反對這種隱遁辦法的。是教人在繁華中磨練一番，不至於沉空滯寂。倘專意耽著靜境，則稍事接觸外物，便一切皆亂了。這不是辦法。究竟陽明也沒有"離世遠出"，轉而充分入世，以其所得者教人，這正是其偉大處。（《陸王學述》十三 89 頁）

19 徵之於古，於宋世，也時有學人大徹大悟的事。在釋氏、在道家皆然。在西方則此事謂之"啟明"。

是求道者見到了瑪利亞或耶穌，或見到了上帝，屬宗教經驗範圍，在公教似推尊某些有此經驗的聖者。那麼，徹悟這回事本身不是一虛偽，世間確有其事，稍軼出了常情而外，在陸、王，皆是由儒宗而入，謂之"見道"。究竟如何方能悟道、或見道呢？要能悟、或見，據傳統之說要作許多修爲，在各宗各教皆異，茲不論。只問如何是悟、或見？要解釋這一心理過程，是頗複雜的，不能用短篇說明，而且有前提仍屬假定。我們大致是假定宇宙間萬事萬物皆在一知覺性中。若想象爲直綫，則由下至上可分許多層級，最下一層是冥頑不靈，最上一層是至靈至妙。實際它不可想爲直綫，最上者亦潛在至下者中。但就方便說，如同層級的分別是可存的。我們常人生活是在尋常知覺性裏，此即告子之所謂"生之謂性"，即動物知覺性。但尋常知覺性中是上、下雙涵。此知覺性通常有說爲意識，即上意識和下意識，或潛意識。舊說"心"是頗籠統的，這中間包括人的全部知覺性。高、上者稱之爲"道心"，中、下者稱爲"人心"。統是一心，只是一知覺性。高者"道心"，即孟子所說之性本善之流衍。近代科學，如弗洛伊德及容格諸人，多從"下焉者"

加以研究，而中西自古之教，多是從事於“上焉者”。我們不妨採納知覺性之識田種子之説。常時種種識感印象，皆可視爲“種子”，採納入此高層的識田，或自覺或不自覺，自覺地是納入尋常或中層知覺性中，這便成爲記憶而可呼出。未自覺而被吸收的，便如同種子儲藏在知覺性裏，或變形或不變形，偶爾傾出於夢中。可以假定，——這裏只是假定，——是有人修爲得法，不急不緩，在潛意識中清除了一切莨莠，即識田中只有高等知覺性充滿彌漫，歸於純淨了，即儒家所謂“人欲淨盡”。這是極困難的事，所以往往要修習多少年。久久之後，整個内中知覺性受警策到了最高限度，緊張已極，這時只要外物輕輕一觸，不論是見到什麽事物或聽到什麽聲音，便如一氣球爆破了。似乎一躍到了另一世界，撞開了一大建築之暗門，見到另外一些瓊樓玉宇。一切皆似與尋常所見的不同，改變了，或更美麗了。知覺性似乎已經翻轉過。這如同在一圓球上直綫似地前進，一到極頂再進，便到彼面了。從此上、下正相對而相反。左右易位，南北轉易。這時客觀環境未變，只是主觀心境已變，多人感到是這方是真實，是宇宙萬物之真面目，只是光明的傾注，

即儒家所謂"天理流行"，而緊張既除，只有大的喜樂，是說不出的美妙，……是徹悟了。（《陸王學述》十三 90—93 頁）

20 理智本身也是一種知覺性，但因其功能而特殊化了。通常亦稱"理性"，是"理性"乃分別上、下，內、外，邪、正，真、妄……等對待。人夜間作夢，夢到許多荒謬之事，是失去了理智的管制。白天的思維念慮等，皆是尋常知覺性受理智管制時的作用。事實上知覺性受着生命力的推動，白天的作用亦有如夜間，或者可說常人白天也在作夢，其記憶，即過去的種子或印象浮到了表面知覺性中來。其聯想，即多個種子集聚或結合，亦在此表面知覺性中，但一皆受了理智的約束，所以人尋常的行為，不致怎樣荒謬。在宋學中，這理智也是"心"，但也說為"理性"，或"性理"。後者的範疇似較前者為大，"性理"統攝整個人性之理，則其間非事事皆合理性，統之曰"心"，所以此"心學"，又稱"性理"之學，是就內容而言。但所着重者，仍是性之上焉者，孟子的惻隱、辭讓、羞惡、是非之心，皆上知覺性之德。屬下層的食、色，則入乎本能之內，沒有什麼應當特殊加以存養、擴充的道理。本能即是不學而能之能。
（《陸王學述》十三 92 頁）

21 陽明也承張子之説，謂："蓋天地萬物，與
人原是一體，體必有主。其發竅之最精處，是人
心之一點靈明。（此説即是知覺性之最高者，即"精神"，
或稱"精神心思"，在瑜伽學中謂其居人頂之"千葉蓮"
中心，與宇宙之"精神心思"合。）風、雨、露、雷、
日、月、星、辰、禽、獸、草、木、山、川、土、
石，與人原只一體，故五穀禽獸之類，皆可以養
人；藥石之類，皆可以療疾。只爲同此一氣，故
能相通耳。"——此説近乎神秘了。若説"養人"
是生命力的補充，如五穀給出熱量，維持體溫，"療
疾"是知覺性之介入，使身體器官或機能恢復
其正常知覺性，因而發施正常的功能，這一説
是可通的。似乎這後方還有一浩大的境域待開
發。我們只合姑且存此"一體"之説爲一美談，
以此解釋"天地之塞"即充塞天地間者，是夠
明確的。而陽明於此"體"標舉孟子所説的"良
知"，知覺性之形況曰"良"，即今所言"神
聖"，即常語之靈明知覺性。"主"便是"帥"，
以此靈明爲帥。（《陸王學述》十四 97—98 頁）

22 從心理分析說，知（動詞）從"作意"起，便是一作用，從認識到心知是一程序，可以說是行爲或心理行爲，然則說"知行合一"正是牒述了事實。觀照而知，推想而知，皆是行爲。但陽明有其宗旨，不是徒然立此說的，是教人閑邪存其誠，去妄想以達本真本體。"良"亦即"善"，是立"善"之教，有其倫理意義。要心地光明，起惡念作某壞事，亦無異於已作某壞事了。　（《陸王學述》十六144頁）

23（《大學》）格物之格，湛（甘泉）說爲"至"，亦古說。王（陽明）說曰"正"，亦舊解。總之無論作何解說，此"格"字在文法上爲動詞。王之訓"正"，以"正"字亦動詞。如常語所說"改正"、"矯正"……之類。格物之物，即王心齋所說爲"物有本末"之物。以經解經，在古代最足以服人心而衆論悉定。而"物"即"事"，於此這"事"乃指内心之事，因爲前後八目皆主於内心之修爲。故陽明說之爲"正念頭"。舊亦有說"物"爲"物欲"者，則訓"格"爲"去"，"正念頭"與"去物欲"，其義相差不遠。要之此内心之事，自來無有解之爲具體之實物者。《大學》之格、致、誠、正，是說出了一從微至著、由小至大之心理過程。八者一皆屬內心之修爲，則僅言"正心"可矣，則前三目不亦嫌於重複乎？"致知"較"正念頭"爲廣，因爲"知"之範疇較浩大。念頭倏起倏滅，在初端容易糾正，也是修爲之基本。要不落入一"念"之差，以至一誤再誤而謬以千里。知其不謬之"良知"即本然之"知"，較固定。致此"知"也，自然有學、問、思、辨、行等之需要。其次"誠意"又進了一步。"誠"字最難講，亦是一進步之事。必"知至而後意誠"，發心動念，固然是意，但"意"比"念"又較成型，而着重在一"誠"字。非自己分析內心，很難體會。日常生活事務，從權應變，亦往往自欺欺人而不自覺。便是不誠。此必先之以"知"，無"知"之誠，必不合理智，往往墮於迷信、偏執、倔强、拗很……。進而"正心"，範疇更廣大了。因爲"心"字包括的事物繁多。要之，陽明解"格物"爲"正念頭"，於八目之中未爲重複。此不能膠固於文字上求，應求其心理進程，乃見陽明此說之妙。（《陸王學述》十六 151—152 頁）

24 正善念、去惡念而物格，所以致知。在此源頭上倘不用功，則博學等皆可至於藉寇兵而資盜糧。

譬如今之歐西之大盜，亦多有博學者，其謬誤在出發點之錯誤，在發心動念之際未能克正，以至於終陷刑戮。而在苗頭上拔去莠草，又何等容易。轉念歸正而已。（《陸王學述》十六152—153頁）

25（陽明四句教）：“無善無惡是心之體，有善有惡是意之動。知善知惡的是良知，爲善去惡是格物。——此四句義之第一句，曰“無善無惡心之體”，我們應如何理解呢？陽明所謂心，是指良知之心，即是指良知本體，亦即宇宙大化之本體。象山有言“宇宙即是吾心，吾心即宇宙”。陽明謂“自其主宰而言，謂之心”。——據近世精神哲學的某一派修爲的說法，是有此一中心，在肉團心房之後，是虛擬的一位置，所以便其修爲，在解剖學上是尋不出此一物的。即此方寸之地，乃說爲虛明靈覺之位，即彌漫宇宙萬事萬物之知覺性的一中心點。陽明“自其主宰而言”句中之“其”字，是指此宇宙知覺性。以此原始的創造性的知覺性而萬物成其化，彌漫時間、空間而爲一，故個人這一中心點亦稱小宇宙，與大宇宙爲一。因此東海、西海、於古、於今聖人之心可說爲同。萬事萬物中以人之所稟所受爲最虛、最明、最靈、最覺，故張子言"天地之塞，吾其體；天地之帥，吾其性"。充周遍漫謂之"塞"，爲之主宰謂之"帥"。在人，所稟所受者同，而各各個人不能無異，故謂之"理一分殊"。理一謂同，分殊曰異。最虛、最明、最靈、最覺，故爲帥、爲主。賦命不能是個人的善惡，只能是各個的靈明。因爲知覺性是第一性，道德上之善惡屬第二性。倘無知覺性，則不知善，亦不知惡。在諸識則爲聰明，如曰耳聰目明，在心則爲靈明。人之聖、愚、賢、不肖有其等級，皆可説爲此靈明光度之差，上聖聰明睿智，下愚冥頑不靈。其間有無數層級。換一舊説解釋：先天混元一氣，至虛至靈，其中萬善萬德皆備，然在形器之前，不顯；後天生其兩儀，相對皆起。如是，説心之體，可説是取超上義，即哲學上的真實義諦。以此勘《孟子》之"萬物皆備於我矣"，理乃一貫。小宇宙合乎大宇宙，乃萬事皆備於心。即此心，即此體。倘非此宇宙知覺性之爲一，則人與人與物皆無可通之理，張子亦無由説"民吾同胞，物吾與也"。——由此一貫聯承，意屬之，知屬之，物屬之，皆落入後天了。通常説邪念、惡念、不正念，……等，皆是指所念而言，於此有善惡可辨。而此能念之智，只可説爲無善無惡，即是一種心理作用。能念之智，亦即能知之心，心體無善惡，能念亦無善惡，其理一貫。能、所既分，主賓有別。善念、惡念，皆屬賓詞，亦可說念在其自體，無善無惡。及至所念已成其爲念了，對人對事，善惡昭然，乃是意之動。凡此，皆屬超上的哲學的真實義諦。心之體即儒家慣說之本體。——本體與功夫合言，功夫又不可勝數，如陳白沙之"靜中養出端倪"，即是在修爲中要瞥見此本體，得此一精神經驗。此靜，亦是超動靜之靜；正如說覺，非是與迷相對之覺。用功能靜能覺，修養得法，常人可得此端倪，即偶得見此本體，見道。但儒門中人往往由此轉入釋氏去了。以佛理說此第一句義有合。心體是宇宙知覺性，即智，同於釋氏之根本智，無能緣、所緣之差別，境、智無異。混元一氣，說不上善、惡，亦即"無善無惡"。其後得智乃屬後天，境、智有異，善、惡皆起。大凡聖人設教，——不僅陽明，——不能純取超上義諦，也只能并立世俗義諦。此同於不僅取純理性批判，亦當依實用理性批判。依純理性，上帝不存在；依實用理性，上帝存在。設教是求有益於人人，不能只限於造就哲學家。但必已確立其超上義諦，爲其基本。隨之以俗諦千言萬語，皆有其止歸，"於止，知其所止"。陽明說：

"人有習心，不教他在良知上實用爲善去惡功夫，只去懸想個本體，一切事爲，俱不着實。不過養成一個虛寂，此個病痛，不是小小。"——這話，非其弟子如緒山之流所能説出。在"無善無惡"第一句後，并未嘗如龍溪之一直推下，乃隨即説"有善有惡"，而更在第三句標明其主旨：良知，而教人用功於"爲善去惡"。此即後得與根本之互攝，即功夫有所致力之處。於是上下通徹，不旁落於空守虛寂。上根、中智，皆可得益。此所以成其教法之大，而亦具見其設教之苦心。（《陸王學述》十八 187—191 頁）

26 於此又當點明現代與古代治此哲學之分異點。從遠古至近代，由宋儒以至清儒，無論是漢學家或宋學家，其學術中的對象常是"民"。而近代的對象常是"人"，指全人類之人，非指一國中之民。古之學者與民不是居於同一水平，多是以統治者或領導者自居的士大夫，依以治國、平天下。現代沒有了士大夫觀念，可謂眼界擴大了，在學術研究上沒有這心理背景，自然也無分於"教民"、"非教民"，減少了宗教的區別，其研究可更自由而且純粹。這得歸功於科學。（《陸王學述》十九 197 頁）

27 分析理、欲問題，戴氏（震）亦反對宋儒。以爲宋儒説"不出於理則出於欲，不出於欲則出於理"爲不當，而以情之不爽失爲理，理存乎欲。於此當略分民情之同欲，與個人之情欲二者。戴氏多着重前者。釋氏除外，老氏亦言"見素抱樸，少私而寡欲"，與孟子言"養心莫善於寡欲"同。這"寡欲"大概是共通之理，即不能説孟子本乎老子，因此使道家濫入儒家。於今知識分子當然不着重"治民"，然涉及教化他人，便應將此歸入教育界。老師之教學生，也應傳授這方面的知識，尤其是醫學知識，衛生常識，而且取正當觀點，持開明態度，在心理上免除若干隱諱及羞惡之情，使人隱暗在受痛苦而不敢告人。食、色是天性，屬人之本能。飲食男女，古人皆講當節制。飲食偏於講究祭祀之事，而男女之事，傳統是秘而不言。這儒家的傳統乃承受了釋與道的壞影響。兩家皆走極端，或放縱之極，或禁戒杜絶。皆非善生之道。人情是不壓迫則不起反動。宗教除密乘之外，多主絶欲，因此獲得自由，有絶食、服氣等修爲，要脱去身體對食物的需要之束縛，但從來没有人能夠成功。性欲則是主張禁絶了，當然有强制之而至乎斷絶的。或者其修爲亦可得其助力，但是費了絕大的心力乃獲相對的成就，使人疑惑將其心力用在別一方面，是否成就更大。多是常如莊子之所謂"重傷"，內中兩大力量交爭，所以"重傷之人，無壽類矣"。莊子主張"情欲勝則爲之"。否則强制之方，引出各種疾病，禍害。社會上的罪惡，因此叢起。西方今居於所謂"後弗洛伊德時代"，對這方面心理的研究，比較開明了。戴氏將此歸罪於理學家，不是無緣故的。本是弘麗健康活潑的生命力，要給理學家弄到偏枯、殘敗，疾病叢生，所以反對。（《陸王學述》十九 205—207 頁）

28 宋儒立孔、孟爲鵠的，但實際是決不能得孔、孟的帛書竹簡而誦讀之，只是紙或帛的抄本或排印本。這即是說不能不依時代而有轉移。後世能考證其變遷，但決不能是古本原樣。這裏便可分爲兩路：一路是以修爲而見道，一路是由文字而通經。修爲所依傍者仍是孔、孟之經，通經則是仍在於身體力行。目的仍是一個，但偏重不同，或從入之途微異。這其間有一絕大的分別，顯而易見的，即是一極可珍貴的自主精神。陸象山是從孔、孟入道的，大有徹悟了，一時其所誦習的章句，皆化成了活學問。他嘗說"六經皆我註脚"，即是人讀書，非爲書所讀。

這是自程子之斥謝上蔡之"玩物喪志"，至王夫之之論湘東王藏書之被焚，以及外道之"心迷法華轉，心悟轉法華"，同一道理。那麼，適當提起，使人知道恢復古代的文字正義，其用處果然何在。

（《陸王學述》十九 213 頁）

29 自來中國傳統中有一極偉大的精神，便是"恕"，即寬容，大度，"己所勿欲，勿施於人"。這是戴氏（震）也提起過的。——真理原是多方面的。不能執着一偏，有如盲人摸象。人生事理原自無窮，守一隅之見，往往害事。必須容納他說，廣大包涵。戴氏謂"借階於老、莊、釋氏"，"借階"亦同於"取間架，提綫索"，是以之爲基礎。倘若構築的是真理，借階亦毋妨。若陸象山氣魄之大，基礎之固，不用也不屑"借階"。王陽明曾考索過一些建築材料，覺皆無所可用，亦未"借階"。大程子嘗說："'天理'二字，是我自家體貼出來。"這了不關涉老、莊、釋氏。既是用功多年而覺其非了，則返於儒家而恬然有得，從此立身行道，以此教人，更不必回頭了。

（《陸王學述》十九 214 頁）

30 無論陸（象山）或王（陽明），皆是先有所得於心，見道真切，有一種獨立自主的精神，不依傍他人門戶。王（陽明）答羅（整庵）的信中說："夫學貴得之於心。求之於心而非也，雖其言之出於孔子，不敢以爲是也，而況其未及孔子者乎！求之於心而是也，雖其言之出於庸常，不敢以爲非也，而況其出於孔子者乎！"——換言之，"聖言量"已不是這宗學術的權威，要從自己心上考驗過。真是龍騰虎躍。（《陸王學述》十九 214—215 頁）

31 人生亦不可無有禁戒，所以善其生。宗教中的戒律是多的，有的苛細之極，若不加學習，在日常生活中動輒得咎。孔子也曾說人生三期之戒，可謂深透人情，正是所以善生，不是束縛。絕不是磨折此身體至死，以圖其所謂精神的解脫，或不生不滅的無餘涅槃或梵涅槃。我們現在只看陽明之教，千言萬語的教誡，由博返約，只曰"去私欲，存天理"，只此六字真言，何等簡單，而且積極，非是消極只戒人不要這樣、不要那樣而空無所成。倘使人能誠誠實實、念念在此六字上下功夫，——即孟子所說"必有事焉而勿正"之"事"，——其效果之遠大，良好，等於或且勝於遵守一厚册經文戒律。這如同一原是健康的身體，只有一點極簡單的衞生原則，則用不着服這藥或那藥，守住一大部醫藥學，因爲身體本没有病。所謂良好而且遠大的效果，是既明"此學"已，同時便得到"此樂"。於是人生之痛苦皆除，直至"存吾順事，歿吾寧也"。徒從事於思辨哲學，或者從之能得到理解上的滿足，如同解答了一謎語，不是於宇宙人生真實的全部悦樂的體驗。再返於約，這又更簡單，只有一個字，即孔子所教的"仁"。其他一切名言以至體系，皆從此中源出。知"仁"然後知義，知禮，知樂，……以至本體，功夫，理，心，道……等等。最後歸到一句口號，曰："學者學此，樂者樂此"。　（《陸王學述》二十 217—218 頁）

32 儒者，内聖外王之學也。經學罕言神秘，緯學乃多異説，無論經學、緯學，未有不尊孔子者也。觀於史事，假令漢高祖過曲阜而未嘗祀孔子，漢武帝未嘗罷黜百家獨尊儒術，謂其遂不至於俎豆千秋亦不可也。然孔子曰："聖，則吾不能"。孟子曰："乃所願，則學孔子也"。後世逮及姚江支派，而猶曰願學孔子也，至清而學人之志稍衰焉。何也？以其内精微而外廣大，有非諸子百家所可企及者也。今若就其外王之學求之，則祖述堯舜，憲章文武，有非後世所能盡守者也，後世典章制度禮樂文爲無一不變，然其內聖之道，終古不變者也。非謂孔子之後，儒林道學遂無臻聖境者，聖者不自表於世也。如何謂之聖？夫曰："心之精神之謂聖"，近是已。雖然，此心也，理也。誠則不已，純亦不已，下盡乎人情，上達乎天德，道無不通，明無不照，宇宙造化之心也。昭明之天，星雲光氣彌於其間，博厚之地，山岳江海載於其間，皆非蠢然之物而已也，具有靈焉。三才，造化之心也。一大彌綸而曰天道，曰天德，曰天命。人，非徒有生而已也，曰有生命。命也者，使也，"天之令也，生之極也，天所命生人者也。""受命於人則以言，受命於天則以道"，故曰："分於道，謂之命，形於一，謂之性，化於陰陽象形而發謂之生，化窮數盡謂之死。"又曰："天命之謂性"，性也者，仁義禮智之性也。成性則知命焉。《春秋》書邾子蘧蒢卒，其言曰："命在養民，死之短長，時也"。君子謂之"知命"。夫子自道："五十而知天命"，非其性與天合，奚足以知天命？夫曰："大人者，與天地合其德，與日月合其明，與四時合其序，與鬼神合其吉凶，先天而天弗違，後天而奉天時。"曰："窮理盡

性以至於命。”是皆心學也，理學也，亦聖學也，希聖而希天者也。（《薄伽梵歌》初版序言6—7頁）

33 内聖之學，《薄伽梵歌》所修也。輒曰：皈依於我，我者，儒家之所謂天也。然不諱言神，神奇變現，將非道之華腴而去其枯淡歟？尚文者，視爲繁辭以藻説；學道者，信爲實事而不疑；此其大本也。稍尋端緒：仁義之性者，彼所謂薩埵性也，擴而充之，至極且超上之，與吾儒所謂“體天而立極”，一也。夫子“絶四”，一曰“毋我”，與彼所謂毋我、或毋我慢，一也。“毋我”而毋意、毋必，毋固隨之，三者絶而“毋我”亦隨之，皆彼修爲之事中所攝也。孟子嚴於義、利之辨，而彼曰循自法而有爲，曰天生之職分，即義之所在也。戰陣無勇，在儒門則曰非孝也，在彼則爲生天之道，克釋拏所極諫也。禮，分散者，仁之施也，在彼則布施有其薩埵性者也。儒者罕言出世，然《易》曰：“遁世不見知而不悔”，孟子曰：“窮則獨善其身”。春秋多特立獨行之人，使孔子之周遊值天竺之修士，必曰隱者也。孔門亦未嘗非隱者也。古天竺之修士，在人生之暮年，不及期而隱，不貴也。在儒家亦必曰非孝也。孟子曰：“人皆可以爲堯舜”，與彼所謂雖賤民亦

可得轉依而臻至極，其爲道之平等大公，一也。（《薄伽梵歌》初版序言7—8頁）

34 儒家罕言神祕，後世儒者或談氣數，終亦不落於神祕。以王船山一代大師，而謂至大而無畦畛，至簡而無委曲，必非祕密者也。一落乎神祕，似已非至大至公，而其中有不足者然。然而儒門精詣，直抉心源，窮理盡性以至於命，上而與大化同流，所謂"聖而不可知之謂神"者，亦祕之至矣。宋人論後世人才，非不如三代，然儒門淡泊，收拾不住，輒爲他教扳去。觀於他教，亦何嘗不淡泊，有且至於枯槁者，獨不以神祕自表曝於世，是以謂之淡泊耳。（《薄伽梵歌》初版序言8頁）

35 以明通博達之儒者而觀此教典（《薄伽梵歌》），未必厚非。若求其異，必不得已勉强立一義曰：極人理之圓中，由是以推之象外者，儒宗。超以象外反得人理之圓中者，彼教。孰得孰失，何後何先，非所敢議矣。三家以儒最少宗教形式，而宗教形式愈隆重者，往往如風疾馬良，去道彌遠，於此《歌》可以無譏，可謂一切教之教云。（《薄伽梵歌》初版序言9頁）

36 《易》曰："書不盡言，言不盡意"。後世之拘文鑿義者，鮮不失爲迂儒。儒、法皆重名分，世亂則名法皆紊，鏤刻文字，終不足以有爲也。求道者輒曰：依文解義，三世佛冤。相宗已啟其端，禪宗則不立語言文字，而山林塵俗不識一字者往往見道。無論出世、入世，文字之用固有限也。用君之心，行君之意，可矣。（《薄伽梵歌論》譯按　《文集》卷八　246頁）

37 保世滋大，吾華之所重也。佛入中國，然後多出家修道之士，逃空虛而歸寂寞，往往見道一面，而未得其全，在個人之躋憂患爲有功，而世則愈敝。唐尊佛法，而五季之亂爲史所罕有。元崇密乘，亦八十餘年而止。皆其明驗也。漢尊儒術，成光武之中興，其末猶成蜀漢鼎峙之局。宋彰理學，其能保偏安，且二百餘年。保世滋大之效也。（《薄伽梵歌論》譯按　《文集》卷八　286頁）

38 判道學、儒林爲二者，自《宋史》始，大抵以躬行踐履者爲道學，發明著述者爲儒林。道學者，自印度視之，亦瑜伽師也。儒林，亦瑜伽師也。

甚且或可判以智識、行業、誠敬三瑜伽，得其一，或得其二，或得其三。但"解脱"之説，於吾華爲遠，則曰："存吾順事，殁吾寧也"而已。其人皆神聖工作者，人欲淨盡而天理流行，志在體天而立人極，有旨哉。（《薄伽梵歌論》譯按 《文集》卷八 311 頁）

卷 三 三十條

1 "無爲"者，非謂無所作爲也。倘人皆無所作爲，則人事皆息，而文明亦於是乎止，此即西哲康德所謂不善，不可普徧化者也。老氏之所謂"無爲"，茲出其三語曰：弗治，任人民自然而治；弗恃，即無所負，無所賴；弗居，於事不居其功。由是則弗去，即不違，亦不離也。"不言之教"，此日常所見者也。揚眉瞬目，舉手投足，皆可示意，不待語言。爲教，則非言教而爲身教。此莊子所謂"目擊而道存"者也。（《老子臆解》道二4頁）

2 在於人事，其能挫人之銳氣，解人之糾紛，和衆之光明，同衆之塵垢者，必有道者，蓋以沖虛處之者也。（《老子臆解》道四6頁）

3 近世科學進步，養生家無所不至，其實徒養其身，適足以戕賊之者，衆矣。參苓日進，鍼藥時施，採集窮於山海，殘害及於猿鹿。葆健康而增衰弱，求

55

長壽而促修齡，不可謂非現代文明之大病。若是者，外之者愈矣。其用世，同此義也。在己爲私，背私爲公。私其身，私其有，終亦不保。自來成大事者，皆無私。如諸葛公之成都八百株桑樹，乃可謂"能成其私"。（《老子臆解》道七9頁）

4 氣之發於身外者，今謂之"雰圍"。氣之行於身內者，則肌體器官之運用也。氣之動，必有力在於其間。此與呼吸之空氣異撰。然有鍊氣者，則從事於"調息"，即調制呼吸或吐納之空氣也。其樞機仍在乎心思或意志。凡心之所至，氣必隨之。故孟子曰：志至焉，氣次焉。志、氣相爲表裏，非氣無以持志，非志無以行氣。（《老子臆解》道十13—14頁）

5 自來人之知覺性清明，所謂"清明在躬，志氣如神"，則可說其心如明鏡，此境界不可常保。常人二六時中，有其心極清明之時，有其心極昏暗之時；即上智亦有其下愚之時。故當勤加修治之，如鏡，使之"無疵"瑕，則能明照。（《老子臆解》道十14頁）

6 綜合觀於空間、時間，空無際，時亦無窮也。

若謂因生緣起，則因無限，緣亦無盡也。是於究極皆不可知，於人生有盡之時空內，得其今之少分而已矣。故曰："執今之道，以御今之有"，意即以今世之理，治今世之事。——此處一字之異，可觀儒家與道家之處世不同。"祖述堯、舜，憲章文、武"，此所謂"執古之道，以御今之有"者也。儒家之法先王，舉不外此。然時不返古，世必日進，執古御今，有必不可能者。執今御今，斯可矣。由今而返推至古，古可知也。（《老子臆解》道十四 19—20 頁）

7 子思嘗言"天命之謂性"，（《禮記　中庸》）是老氏之言"復命"，即孔門之言"復性"也。以動靜言，如《樂記》言"人生而靜，天之性也"，則二説亦同。其分，在言性者重人道，言命者重自然。前者義彌確而弊少，後者義彌汎而弊多。由"天命"難知，雖宋學鉅子朱熹，亦未敢以此爲説。而仁、義、禮、智之性，此易於爲教者也。故儒家盛言之。（《老子臆解》道十六 23 頁）

8 老子蓋由洞明歷史而成其超上哲學者。曠觀乎百世之變，而自立於九霄之上，下視人倫物理，如當世之曉曉者，若屑屑不介意，獨申其還淳返樸之道，此在其理論亦無可非難。其意以謂倘使大道不廢，則仁義不彰。人皆行乎仁義，則亦無所論於仁義，此同於孟子所謂“性之”者也。猶如家庭和睦，老老幼幼各得其所，一順乎天屬之親，則亦無庸表其子孝、父慈，當其爲仁、爲義、爲孝、爲慈，亦不自謂且不自知其爲仁、爲義、爲孝、爲慈，是返其本於不立仁義之境，爲淳樸之高境，於理論至卓，然後世必不能見諸實事者也。（《老子臆解》道十八 26 頁）

9 以製作言：古之駢文、散文不分，以至有韻、無韻，亦不嚴格分別。想其著作之時，與今之閉戶造車者有異。時或唱歎而出之，或自書之，或弟子書記之也。此（道二十二章）或亦由口號、成語之類流行，掇之以成文者。此中五字四句，用韻，有如古詩之一絶句。此類之例，全書上、下經中皆可見也。——此屬常識，亦學人所當知者。（《老子臆解》道二十二 31—32 頁）

10 “誠全歸之”，謂爲事業如有所受，受而委曲圓成之，全而歸之於授者。此義即功成身退，不

爲主、不自示、不自顯、不自伐、無矜、不爭，皆爲之而無以爲之道。（《老子臆解》道二十三 33 頁）

11 人未有無明、無智而能爲惡者，其爲惡，乃用其明、其智之不當耳。因人之明而導之，則非獨能止其爲惡，亦且能啟其大善。此世俗之常見者，雖近代教育之宗旨，亦不外是。（《老子臆解》道二十七 39 頁）

12 有功而不自以爲功，有名而不自居其名，史實多有，而亦今時習見者也。蓋成就大事，必多人，事愈大必人愈多。封建之制，一人爲君主而萬事取決焉，所謂"萬物歸焉"者。倘能不以君主而自尊大，所以自處者小，所謂"恆無欲也"，亦自超然於得失之外，所謂"無爲"也。如是則歸之者必衆，歸之者愈衆，則其成就也愈大。在今世，理有同然。事大人多，必有一人爲之主，或創其始，或制其中，或總其成，或善其後。而此一人者，必其德量、識度、才智、學術等皆過越衆人，衆人樂歸之，乃以成其大事。要之必由大衆成之也，則功亦當歸於大衆。事功與人力對言，此一人亦大衆之一也，其力亦群力之一分而已。初無獨居其功之理。倘此一人者進而自思其德量、識度、才智、學術等而果度越衆人也，又何自而成，則知所當歸功者又衆，而亦爽然自失矣。（《老子臆解》道三十四 49—50 頁）

13 鎮靜，難言也。自來以鎮靜而免大禍，挽大難，成大功者多矣。必常時守靜而泊然於生死禍福之外者，乃能處非常之變而不失其常，知當變之變而不失其正。此純依乎人之存持操守，非語言文字之能爲役者也。（老子臆解》道三十七 53 頁）

14 古之士大夫，莫不用心於取予辭受之間。施、報，皆德也。相市，則非德也。忍己之饑，哀王孫而進食，於施、報皆無所容心，此漂母之所以爲有德也。懷一飯之恩而不忘，酬以千金，此可謂不失德。然此私心也，有以爲也，“是以無德”也。（《老子臆解》德一 56 頁）

15 世之將亂也，其禮先亡。禮，重別異、明等倫者也，而托于義。義者，事之宜也。事而不得其宜，綱目紊，法度隳，紀律弛，公私無別，尊卑失序，而禮亡矣。世焉得而不亂？雖然，此皆昭然可見者，猶未明其本末也。老氏之意，蓋謂義猶有所依立，則仁也。仁猶有所依立，則德也。德猶有所依立，則道也。譬如樹，道德，根本也。仁義，枝幹也。禮則其花葉也。見花萎、葉凋、枝枯、幹槁，知樹且僵矣，此明而易知者也。其所以如此者，根之傷，本之撥，此隱而難見者，則道德之先喪也。倘世與道交相喪矣，尚何責於禮焉？如欲起漸僵之樹，將披花數葉一一噓拂而潤澤之歟，抑且先培其根本而次理其枝幹也？——故曰："居其厚不居其薄"。於是古有深於其旨者：東漢朱穆嘗著論曰："夫俗之薄也，有自來矣。故仲尼嘆曰：'大道之行也，而丘不與焉！'蓋傷之也。夫道者以天下爲一，在彼猶在己也。故行違於道，則愧生於心，非畏義也。事違於理，則負結於意，非憚禮也。故率性而行謂之道，得其天性謂之德。德性失然後貴仁義。是以仁義起而道德遷，禮法興而淳樸散。故道德以仁義爲薄，淳樸以禮法爲賊也。夫中世之所敦，已爲上世之所薄，況又薄於此乎？故天不崇大，則覆幬不廣。地不深厚，則載物不博，人不敦龐，則道數不遠。昔仲尼不失舊於原壤，楚莊不忍章於絕纓。由此觀之，聖賢之德敦矣。老氏之經曰："丈夫處其厚，不處其薄；居其實，不居其華。"……故時敦俗美，則小人守正，利不能誘也；時否俗薄，

雖君子爲邪，義不能止也。……”——斯亦可以
明矣。（《老子臆解》德一 56—57 頁）

16 “前識”者，今世東、西方人多趨之若鶩，非“先
知”之謂也。理之必然，事所必至，見其微，知其著，
意之而中。老氏謂此爲“道之華也，而愚之首也”。
殆猶有寬大之意存乎其言。就今之情論之，則當云
“道之賊而姦僞之首也”。今世猶熾盛於印度。——
雖然，巫者、日者言之或信，百得其一、二，誠
可以驚世駭俗矣，果何由而致也？《易》曰：“寂
然不動，感而遂通天下之故”是已。程子謂心靜
而後能照，然聖人絶不爲。（《程氏遺書》卷十八）程子
并邵子之術數亦非之。王陽明習靜，亦嘗得先知、
先見同於此所謂“前識”者，旋亦決然棄去，蓋
偶爾知覺性得其照明，以爲無謂也。棄其華而務實，
知其偶然得之而不可求。世人專求其華而不返其
本者衆矣。習靜也，修定也，求神通也。終日營營，
迷不知返，皆若宋人之守株待兔也，愚哉。（《老子
臆解》德一 57—58 頁）

17 問曰：文明正以人之不知止足乃能進步，又何
説也？曰：循道邁進，求真而不厭，亢極而無悔，

舉凡身、名、貨利皆所不顧，得喪、榮辱、存亡
皆不足以動其心，此近於無爲者也。是則老氏亦
不能斥其非。（《老子臆解》德六 65—66 頁）

18 人之智性，本至靈至明，不囿於耳目之知者也。
精神不滔於外，返觀內省，一歸於恬愉虛靜，久
乃發其本有之靈明，則可以知者大。識之知淺，
智之知深，明則靈且大矣。識之知，見聞之類也；
智之知，思慮之謂也。明則超乎見聞、思慮。見
聞不可憑，然不可廢也，依乎智；思慮不可憑，
亦不可廢也，終依乎明。識與智，猶外也；靈明，
內也。修其內而廢其外，則其失也巫，爲天下笑。
其弊害不可勝言。至若專務其外，則“其出彌遠”，
而所知與能知皆少。將內外交修也，其庶幾乎！
儒修之勝道修也，以此。 （《老子臆解》德九 68 頁）

19 化成天下，難言也。平民，上品君子少，其下
品極惡者，亦少。爲不善，爲不信矣，將與之爭變
詐之智，凶暴之爲，以懲其不善、不信，如今日之歐、
美乎？抑將轉化之，教導之，使歸於善與信也？鄭
康成解“格物”，曰：“知善深則來善物，知惡
深則來惡物”。是也。誠可謂善無窮，惡亦無窮也。

然古今中外，惡終不能勝善。然則化之必以善物。究其極，且將如舜之隱惡而揚善。彰其惡，惡且如蔓草之滋，披靡而禍不可止。揚其善，流風廣被，平民且潛移默化於不覺，而下品極惡凶頑刁詐猾賊之風可止。此非一朝一夕之效，必期之數十百年然後爲功。（《老子臆解》德十一 71 頁）

20 有益其生者，使其氣者，此違自然之道者也。生不可益，益之反損。氣不可使，使之必耗。皆離此至精至和之常度，而強爲之者也。一人之生命力，原有限者，譬如財富，如司馬君實之言：天地生物只有此數。本無可益也。不用於今日，則用於他年。益之者，猶預支他年備用之財，以侈今日之富者也。此速其窮困者也。氣者，周於此身，爲欲之基，而心爲欲之制。中外之修道者，莫不調心而制欲，所以養其氣而衛其身。故儒修常言"欲不可縱"。常人中年多慮用其身，縱欲而不制，食、色、飲酒，皆無度也。任一時之氣矜，自以爲強，似無傷也。僨張於外，內耗於中，生命之氣力潛衰於不覺，是速其老死者也。（《老子臆解》德十七 80 頁）

21 天下之是非爭論多矣。是者終是，非者終非，

大是大非，自有不可掩者。不聞不問，或問之、聞
之而不言，所謂"鎮之以無名之樸者"也。久則濁
者徐清，動者漸靜，辯靜之銳氣旋挫，理義之糾紛
亦解。終以不言爲智也。若是，則超然於塵囂以外，
又不然。必"和其光"，不自耀於衆。"同其塵"，
與衆同其憂樂，分其謗，受其垢也。人固不可離
群也。若是，則似同流合污，而趨附者衆；又不然。
人於我爲親疏、貴賤，皆有不能。内中有主，不
以人之好惡毀譽而移其所守，同而不同，不同而同，
是謂玄同。（《老子臆解》德十八81頁）

22 多忌諱者，心理衰弱之徵也。心理衰弱，氣力
虧損之候也。犯之者易怒，氣囂於外而力不能自持
也。"天下多忌諱"，則人民實力必早虧矣。多敗，
乃諱言敗。多貧，乃諱言貧。實力枵於内，浮氣
僨於外，則民之貧也滋甚，此徵於近世史而可知也。
（老子臆解》德十九82頁）

23 禍福，凡人所迷信也。曰："民之迷也，其日
固久矣"。謂深中於人心也，迄今二千數百年亦
未拔。——古之士君子立身行道，循理盡分而已，
禍福非所計者也。倚、伏之數，蓋不可量。往往

小人之禍，爲君子之福。今日之福，成他日之禍。父祖之禍，貽爲子孫之福。財富之福，轉爲國家之禍。紛紜徽繞，何可勝言。《書·洪範》説五福，"一曰壽，二曰富，三曰康寧，四曰攸好德，五曰考終命"，所可計者，僅"攸好德"一事爲主。餘四者，或隨之而有，或不隨之而有。要於所好者德，其事在己而可樂者也。德之備，福也。自求福避禍之心生，凡民之邪説謬論皆起。委巷之日者也、卜筮也、星命也、風水也，繁多猥瑣，不可究詰。皆正道之反，善德之妖也。（《老子臆解》德二十 84 頁）

24 自古之可貴者，農功。以農立國，非徒謂收穫以食百姓也。亦謂上下同其勞苦，可以善其生也。無暇及於淫逸，則勞。勞則善心生，故農業社會人多淳厚樸質，而罪惡率少。及至閒放安佚之輩多，奢靡淫逸之風盛，變詐巧怪之智起，盜賊劫殺之事滋，而罪惡率高。（《老子臆解》德二十一 86 頁）

25 多學與多欲無異，學而成癖，無酖物無異。寡欲則儉樸，儉樸則無幾求，無幾求則可以樂道。糜有限之日月，敝無價之心神，淪精於文字之間，槁死於典籍之内，是與蠹魚無異矣。此自古學人

之大病。誠不如損之又損之，翛然爲道。（《老子臆解》
德二十六95頁）

26 老氏學自古爲人所厚非者，此章愚民之說也。（德
二十七：古之爲道者，非以明民也，將以愚之。）人民愚，
則統治階級易肆其剝削而弗叛，納諸陷穽而死無怨
言。愚之久，久之智力皆劣，則統治者亦不能不愚。
上下同歸於一愚，則亡國之道也。此乃至淺之理。
陸敬輿嘗論及氓之蚩蚩，固若無知也。然於上之所
爲，一舉一動無不明其表裏，其智又不可及。是
則雖欲愚之亦不可能。老氏必非不明乎此至淺之理
者。或者有所激乃以成其偏。徵之於史，觀其當
世之事，侵伐無已，戰禍不休，民智愈開，姦僞
蠭起，巧詐相凌，殄瘁彌甚。若是者，誠不若其愚矣。
則保合太和、返樸還淳之道，必一反時俗之所爲，
不以智爲國，而天下庶可休息於小康。猶若爲治
本之方，在其文明未甚發達之世，似舍此亦無他
道也。雖然，天下事誠有不可一概而論者。古之世，
不可得而知矣。老子之世亦不能然，後世更不能然。
文明已盛，民智已啟。譬如混沌之竅已鑿矣，欲
其不死，必不可得。然則如之何？曰：仍守老氏無
爲之教可也。將以明民，明之而又明之，使其大智。

大智非難治也，使其自治。民皆明而自治，則國
之德也。於是爲上者亦毋勞於治，斯亦無爲之道矣。
（《老子臆解》德二十七 96 頁）

27 古之行文無定法，推理無定式，皆無謬誤也，
而思惟亦不流於枯槁。（《老子》）上、下經中數
數用比，數數用韻。皆可謂古詩之遺風。其時道
術未裂，百家未分，民族之生命力雄厚滂礴，文
化創作，篤實光輝。往往詩情、哲理、文思、玄言，
皆熔鑄於一爐，成爲瑰寶，所以百世不磨，其書
至今可讀也。（《老子臆解》德二十八 98 頁）

28 聖人，依老氏之義，爲侯王而明聖者。則其積，
貨財也，非無所積，乃積於民。所謂"公忠體國"，
與其國爲一體者也。己之所有，即國之所有，即
皆民之所有也。倘使侯王而有私積，如唐之瓊林、
大庫者。是聚斂之臣，搜括於民間，則或儲存而
腐朽於無用之地，或備逃亡之資而已，或肆寇盜
之鈔掠，或供子孫之暴殄奢糜，且貽禍於國家，
此史之大戒也。（《老子臆解》德三十 101 頁）

29 基督嘗有是言：有者，將予之；無有者，并其

所有而將奪之。是也，同此理也。謂有者，有道者也。
無有者，無道者也。有道者，增其明。無道者，
去其惑。（《老子臆解》德三十 101 頁）

30 談道者宗老子，豈不曰："天得一以清，地得
一以寧，侯王得一而爲天下貞？"又曰："抱一
以爲天下式"。一者何，太一也，彼一也，無上
大梵也，超上神我也，超上自在主也，名異而實
同。——"歸根曰靜，是謂復命。復命曰常，知
常曰明"。根者，本也，在上而非在下者也。喻
之曰"天地根"，是則"歸根"者，豈有異於臻
至虛靜不變不動永恆之神我耶？且老子之所謂德，
尋常世俗之所謂道德，《歌》（《薄伽梵歌》）中
所謂薩埵性者也。然更有無上自由超極之性，
非尋常道德名相所可圉者，此之所謂"上德不
德"。——唯髣唯彿，曰希曰夷，杳杳冥冥，其
中有真，皆所謂彼一之德，自我之真性也。盡其
名相語言之能事，表此無上本體，兩家皆不能盡，
亦無以異。進而觀其最相合者，曰"爲無爲，事
無事。"夫曰"爲無爲"者，非塊然無所作，偷
視息於人間者也。不動於欲念，不滯於物境，
不着以私利，不貪於得果，不眷於行事，不擾於靈

府，以是而有爲於世，即所謂"爲無爲"也。終至於有爲、無爲，兩皆無執焉。皆《歌》中之義也。而其於宇宙人生之觀念，有一要義曰等平。土塊、金、石，大國、小鮮，在彼道流，相去奚若？如是者，奚其白，奚其辱，奚其不足，奚其不羈狗萬物？如是者，微妙玄達，深不可識。更求其爲道之方，曰"去甚，去泰，去奢"。曰"致虛極，守靜篤"。曰"爲學日益，爲道日損，損之又損之，以至於無爲"。曰"我有三寶，一曰慈，二曰儉，三曰不敢爲天下先"。……凡此，《歌》中所常見也。夫其所損者，祛其我慢，克制情欲，變易低等本性以成就其高等自性也。積極言之，損之又損之，謂盡其所以爲己者，一委於至上至真，視若犧牲已，亦皈誠奉獻之義也。雖然，何哉？將謂千古一大教典，而教人以術自取足於世耶？曰"用柔"，莊生且曰"用弱"，曰"專氣致柔"，曰"以天下之至柔，馳騁天下之至剛"，曰"江海所以爲百谷王者，以其善能下之"，曰"大國以下小國"，……嗟乎！凡此亦皆喻投誠皈命之事也。識人生之有限，觀大化之無窮，知其無可奈何而安之若命。一宅而寓於不得已，致虛極，守靜篤，損之又損，下之又下，柔之又柔，弱之

又弱，以對越此萬物內中外在之至真，於以挫其銳，
解其紛，和其光，同其塵，於是而無爲之爲出焉，
於是而妙竅見焉，於是而大道可行矣。（《薄伽梵歌》
初版序言 13—14 頁）

卷 四 二十五條

1 五天竺之學，有由人而聖而希天者乎？有之，《薄伽梵歌》是已。——世間，一人也；古今，一理也。至道又奚其二？江漢朝宗於海，人類進化必有所詣，九流百家必有所歸，奚其歸？曰：歸至道。如何詣？曰：內覺。（《薄伽梵歌》初版序言3頁）

2 人理之封，思辨之智，名相語言之所詮表，有難得而測者矣，然舍是則無以立。不得已必落於言筌，則曰至真，即至善而盡美。曰太極，即全智而徧能。在印度教輒曰超上大梵、曰彼一，人格化而爲薄伽梵。薄伽梵者，稱謂之至尊，佛乘固嘗以此尊稱如來者也，歐西文字，輒譯曰：天主、上帝，皆是也。
（《薄伽梵歌》初版序言3—4頁）

3 （《薄伽梵歌》）指陳爲道之方，修持之術，是之謂瑜伽學。求"瑜伽"一名詞之本義，曰"束合"也，"約制"也。俗諦則凡人所擅之能，所行之術，皆瑜伽也。廣義則爲與上帝相結合之道，爲精神生活之大全。大抵爲三：一曰知識瑜伽，宇宙人生之真諦，超上神我之微密，有在於是焉。體其動靜，會其冥顯，觀其常變，達其實理，臻於解脫，至於圓成之學也。二曰行業瑜伽，離私欲之纏縛，遵至道而有爲，自法是依，性靈所托，在俗歸真，保世滋大之事也。三曰敬愛瑜伽，堅信不渝，至誠頂禮，敬萬物中之神主，拜萬相外之太玄，物我爲一而畢同，保合太和而皆愛，其極也，與我契合，臻至圓成，乘彼逍遙，同其大用，斯則賢愚皆所易爲，前二道之冠冕也。（《薄伽梵歌》初版序言5頁）

4 抑愚之翻譯是書（《薄伽梵歌》）也，未嘗不深思其故：耶、回、祆教，吾不得而論之矣。歐洲學者，輒謂其與《新約》在伯仲間，不知前後誰本。日耳曼學者羅林澤於一八九六年翻譯此《歌》，乃條出百餘處，謂思想甚至其文句有與《新約·福音書》相同者，乃謂其抄襲《新約》聖經，然《薄伽梵歌》成書遠在公元以前，自不必論。近代甘地之記室德賽，於其譯本中廣引《可蘭經》等以相發明，亦可見諸教典之義相貫通。若謂超上本有一源，萬靈於茲具在，教主由之降世，宗教以此而興，此

無論矣。或謂真理原有一界，非必屬乎神靈，法
爾宛如，唯各時代、各民族之聖智入焉，斯其所
見、所證會皆同，此亦無論已。當就其同者而勘之，
則不得不謂其合於儒，應乎釋，而通乎道矣。（《薄
伽梵歌》初版序言 5—6 頁）

5 夢幻六如，大乘了義。俗人學佛，萬相皆空。此
所謂一刀斷纏，殊非解縛，藉以祛其我執，此亦
方便法門，若論宇宙淵源，竟非大全真諦。夫曰
諸相非相，因非顯是而已。偏契極真，遂覺皆相。
是者終是，相還如是。摩耶，義爲幻有，乃低等
自性之無明。此必非於一真之前，造本無之相。
何況萬德萬善，法界森然，大慈大悲，流注無竭。
豈可曰此皆幻有，等是虛無？此世俗、勝義，兩
無乖背者也。倘使攝末歸本，明體宜求於用。空故
未離於有，如初無益於真，故知無所住而生其心者，
從入之一途。不住於相者，修爲之一法。理皆偏至，
事則權宜。夫其誓願出家，堅誠求法，此必非以
如幻之心，學如幻之佛，證如幻之道，度如幻之生。
例此一端，可以明矣。（《薄伽梵歌》初版序言 11 頁）

6 淨土一宗，吾華尤盛，簡易平實，流布廣遠，溯

其淵源，固自此（《薄伽梵歌》）教出也。夫其行事雖似凡俗，其祕奧正未可量。宇宙間原有大力載持，非小我私意所可測度也。唯識宗於五力不判，正以其弗可措思。密乘除災、增益、降伏、攝召之事，亦由茲衍出。若隱世利濟，功效可觀。若顯表權能，機禍彌烈。下有所求，上乃相引。往生得度，各賴信忱。舉凡念誦、禱告之義具在於是。夫精誠所至，金石爲開，一懺悔而物我同春，一惻怛而蒼生霖雨，"謙"變虧盈之數，"復"見天地之心，務當銷除己私，克制欲念，毫芒之判，事異淵雲。吁，可慎已。

（《薄伽梵歌》初版序言 11—12 頁）

7 請稍稽史事，遠者不論，佛法未入中國以前，周秦西漢之世，人生剛健，充實光輝。晚周諸子，學術爭鳴，東漢士林，聲實弘大，古無前例，後罕繼蹤。固由往聖之德澤未渝，禮教之菁華未竭。然其弊也，英雄事去，則縱情於醇酒婦人，君子路窮，唯有使祝宗祈死。要皆性命之本真是率，局限於形體之封。黃老盛而人生觀爲之一變，佛教傳而人生觀踵之再變。自是葆真遯舉，削髮披緇，澹情累於五中，棲心神於埏外，浮世之樂既非樂，有生之哀亦無哀。由此憂悲苦惱始稀，常樂我淨之說皆入。而其弊也，

則渾淪浩瀚之真元鑿，深純樸茂之德澤虧，博大
光明之氣象陰，篤厚善良之風誼薄矣。鼓芳扇塵，
經唐歷宋，救苦誠然救苦，利生亦殊利生，盛興
未及千年，迄今遂趨末法。夫斲彫不可返樸，澆
灕不可復淳。今欲廢除佛法而復興殷周之禮，事
不可能。欲導揚佛法而紹隆唐宋之觀，亦勢所不許。
無已，倘弘雅量而於佛教以外求之，則同出西天，
源流異派，可資裨益殊堪尊尚者，猶大有在也。（《薄
伽梵歌》初版序言 12—13 頁）

8 婆羅門教者，印度教也。異名同謂，然亦微有辨別。
時先於佛者，泛稱婆羅門教。後於佛者，概稱印度教，
其實一也。觀乎物質環境、歷史背景畢同，可知其
與佛教相應奚若。顧未嘗盛大，迄未入乎士大夫之
林，不可與華夏歷代佛法相擬，亦與明末公教不侔。
近世聖雄甘地嘗言，印度教離其本土東西兩河之間，
無有生命。嗟乎！何自知之審耶！千年來伊斯蘭滋
大彌光，則不顯亦不賓滅，而基督福音傳入，公教
尤競，根深柢固，逾三百年，印度教又瞠乎後塵。
甘地或有感於斯而言。將非以地理、時代、族姓、
語文、習俗之殊異，閫闑有不可逾越者耶？抑其中
亦有不足耶？雖然，此其千祀傳承第一族姓所以安

身立命之大經大法也。倘研礦奧旨，邈達玄言，觀
其澍澤流慈，化民成俗，且將廣我遐矚，博我至聞，
或亦可契會宇宙真理之一隅，而得解脫之樂歟。（《薄
伽梵歌》再版序言（佛協版）1—2 頁）

9 "爲"道，有五相："無不爲"，是智者第一相；
"不着情慮之求"，即無欲，是第二相；"自足"
內中安恬和悅，不依外物之得失及事業之成敗，
是第三相；精神臻於非個人性是第四相。唯以身
行道而已，餘皆出自上界。個人性有業垢，精神
之非個人性純潔無垢。平等性是第五相。（《薄伽梵歌》
釋辭 160—161 頁）

10 舍語文研究，作簡單之玄學探討，大抵可謂：
吾人所以爲吾人，及吾人將爲吾人者，其力量乃
在一高等"精神"之權能中。我輩生存之本質，
乃宇宙間無數人格之"精神"自性也。吾人之性靈，
亦即此"精神"之一分。在此自性中，每人皆有
其轉變之原則與意志。每一心靈，皆自我知覺性
之一種力量，所以構成其中神聖性之理念者。由
此而引導其作用與進化，及自我發現與自我表現，
終必趨於圓成，此即吾人之自性，亦即是真性。

由此真性所決定之行爲，有其律則，乃吾人之自我形成與種種行爲作用之正當律則。此之謂"法"，此之謂"自法"。《薄伽梵歌》，亦論人生"法"事之書也。是法非法，當爲與不當爲，皆詳說之，以決大猶豫、定大疑難。（《薄伽梵歌》釋辭169頁）

11 《奧義書》五十種，皆無所謂深奧之意義也。梵文 Upaniṣad，字義爲"坐近"、"親近"，直譯當曰"親教書"或"侍坐書"。印度於倫常皆若遠而疏，獨於師尊親而近，謂得自父母者，身體耳。得自師者爲知識，知識重於身，故就傅而受一"聖綫"，謂之重生。其學皆親近侍坐而授受者也。師一人，徒二、三人，口誦心持，此其書名之由來也。（《五十奧義書》譯者序1頁）

12 奧義諸書，義理弘富，屬於内學，爲後世諸宗各派之祖。乃有可供思考參同而契會者，信宇宙人生之真理有在於是。而啟此一樞紐，則上窺下視，莫不通暢條達，而印度文化之綱領得焉。此所謂立乎其大者也。（《五十奧義書》譯者序4頁）

13 久矣，吾國佛教徒知印度有佛教而無其他。

稍窺異部者，亦知外道九十六種，（參《增一阿含
經》卷二十、《薩婆多毗尼毗婆沙》卷五、《涅槃經》卷
十九）已稱於唐，或舉其十六異論，而以爲皆不足
道也。彼印度人士則以爲吾國舍自彼所得之佛教
而外，亦無其他，民族間之誤解，亦莫大乎是。
請即以佛乘論之，曰：是不然也。佛教由《韋陀》
之教反激而成者也。瞿曇之教初立，揭橥其四諦、
八正道、十二因緣、涅槃諸說，正所以反對《韋陀》
教之繁文淫祀也，破斥其祈禱生天諸說也，掃蕩其
鬼神迷信也，所謂原始佛教，及小乘是已。歷時既
久，不能以此饜足人心，漸漸引入救苦天神、土地
生殖之神等而名曰“菩提薩埵”，如“觀自在菩薩”、
“地藏王”等，以及往生彌勒內院及彌陀淨土諸說，
而恢弘其教理，則合爲大乘。至今吾國佛寺建築，
法式多定型，入門則見四大金剛造像，曰：地、
水、火、風，是皆《韋陀》教之神也。其五大曰：
空，空固無相可表也。往往隔庭對正殿佛像者，
輒有龕，塑立像曰韋馱，操金剛杵，謂爲護法神，
是則雷電之神，杵表電光，謂之因陀羅（Indra），
古雅利安族之戰神也。印度於今佛教寺觀不可尋，
其制猶仿佛可見於我國。大乘之末路，蓋盡徙《韋
陀》神壇造像而禮拜之。菩薩、陀羅，異名同實。

若是者，一正一反一合，衍變公式可尋，佛教之成，固有所自來也。至若由師授二、三學徒，乃至佛陀説法有千二百五十人俱，擴小學塾而至於大僧伽，生活與學術皆大衆化，奪第一階級之尊嚴，重四姓沙門之平等，皆其反《韋陀》教之社會面，亦其外表也。　（《五十奧義書》譯者序4—5頁）

14 漢武而後，西域之路通，吾國之絲綢，遂彰羅馬元老之身，以爲光榮。而天竺則《韋陀》教已衰，佛法漸盛。魏、晉以後，隨佛法西來者，文字而外，醫方、音樂、天文等皆有之。如婆羅門曆法亦嘗介入矣。唐末考驗，於諸家爲最劣。顧其正統之教未彰，難謂全爲佛徒之虧蔽，蓋其教法本不利於行遠。文明起於生活，儀法本於物情。炎方氣候異於北陸，風俗習慣不同，則能行於其本土者，未能行之他國，亦自然之理。史稱楚王英好浮屠之仁祠，其所服食，則婆羅門之法也。　（參《阿衹尼古事記》）厥後如魚山梵唄等，則佛唱也，佛入中國後之初期，佛與梵之精義，尚未經深切甄辨，故徒觀於外表生活方式等，頗多混同。而與其所傳布之地，常格格不入。佛法能變，故行於中夏；耆那教絶不能變，故至今不出印度；《韋陀》教亦不能變，遂不出其本土而就衰。此就其外表生活言之，在此諸《奧義書》猶有可見者。及至回教入主五印，其傳統之學，皆幾乎澌滅矣。顧蘇枯起朽挽之於垂歿之際，使印度教奉之爲聖典而傳布之於世界者，回教與西方人士之力也。（《五十奧義書》譯者序8—9頁）

15 竊謂此種著作，五印奉爲寶典，吾國久已宜知。文化價值難量，象寄菁英稍見，其可以隸之《雜藏》，博我書林。原其文辭簡古，時有晦澀，與後世經典梵文不同。貝葉傳鈔，歷世不歇，訛奪衍文，間嘗可見。且字少義豐，訓釋靡定。舉凡文法、修辭、思想方式，在在與漢文相異，此出義庸或不渝，而精圓概難乎臻至也。顧吾國籀譯天竺古典，權輿適自西元，名相可因，知聞已夙，傳承有自，非如歐西近世始鑿混沌。既歷史負荷如此，自宜出以文言，使前後相望，流風一貫，紹先昆而不匱，開後學以無慚，初不必求售一時，取重當世。自惟較之內典之詰屈聱牙者，尚遠過明朗通暢，以其本非甚深奧義，亦必不肯故爲深奧之辭也。（《五十奧義書》譯者序13頁）

16 玄哲文字，愈近世乃愈枯淡，古則不然，直接人生而息息相關，多方寓言以出之，設事親切，使學者彌覺道不遠人，詞華不靡，亦後世所難企及者也。（《考史多啟奧義書》引言31頁）

17 古天竺原始信仰，說人逝後，其靈有南、北二道可循。南道者，祖靈乘道，重返於人間。北道者，天神乘道，至於大梵世界者也。衡於教史，實開釋氏往生之先河。（《考史多啟奧義書》引言32頁）

18 古印度民族樸質少文。然至此《奧義書》時代，諸"明"大致皆立。四《韋陀》及《古事記》皆成，佛陀尚未出世。其階級社會、風俗人情，於此書（《唱贊奧義書》）猶有可見。夫婦之道苦，至生子而不知其父；師生之誼篤，則人倫有賴以存。或別相，或通相，不可一概而論，考史者之所用心也。氣候炎酷，資生之具寡，於生亦無幾求，雖今世文明大開，其古樸之風猶有存者。以今觀之，虛無、實有，時間、空間，有生物與無生物，此皆不待智者然後辨者也。顧此其爲教也，舉鳥獸、草木、蟲魚、禽畜、鬼神、人物、古今、生死，爲時爲空一概歸之於一渾渾噩噩太樸之真元而若自忘於其中。故雁也、鶩也，相與言人事；牛也、火也，而可說教理；

年，時也，憑之可以居；光，明也，乘之可以去。此非文學創作，亦非愚昧無知，亦非智者故神其說。直以自《韋陀》時代以後，傳統之信仰如是，視宇宙之大，螻蟻之微，等無差別，混然與萬事萬物融爲一體。一體者，"自我"也。萬物，一"自我"也。大之則彌六合，卷之則退藏於密，其在人中昭然不昧者，性靈也。性靈，一"自我"也。故其簡言曰："爾爲彼"。而"自我"謂之"大梵"，名言之異耳。及其契會之際，竟無所可施文字語言，故又曰："非此也，非彼也。"是猶"聖人體無，無又不可以訓"（此王弼語，見《三國志·鍾會傳》注），終究不能離文字語言，轉而諸說皆起，於是此《韋陀》終教之圓義立焉。後世大雄也，佛陀也，百家異說，教主如林，又孰能逾此者哉。（《唱贊奧義書》引言 70—71 頁）

19 考導引服氣之術（此中絶未言及"辟穀"，且以此爲戒），至今天竺修爲頗廣。非其人不傳，傳之又非歷若干歲年不得，是可謂有私授而無共學。故世多莫得而曉。其筆之於書也，多不盡其說，精要處竟不書，而其所書者，上則多廈辭誕說詭怪不經之談，下焉者，或竟爲蕪穢鄙俚傷風敗俗之說，

亦又人自爲量，各是其是，初無定準。由是如熱
帶森林，窒塞不通，其中何所不有。然佳花異卉，
亦往往而見焉。至若徒據書本而作實修，或所從學
者原未明達，則無有不窒礙者。其窒礙不通終無
所成，亦徒耗精神歲月而已，爲害猶小；其猛力
赴之，或成痼疾而終身不治，尤普遍者，如近世歐、
美及南洋一帶人士，多有修瑜伽而至於或神經錯
亂、或非時暴卒，吁！可憫也。然則胡爲乎譯之也？
曰：存學術之真姿而已，是亦印土文化菁華所寄，
又安得而忽諸？將珉、璞之并珍，博聞見之廣大，
識修爲之異路，庸有藉於他山，其無所取，無憾也。
或猶有可參稽，爲用可也。顧其學從來實頗蕪雜，
是宜慎而又慎者。　（《瑜伽真性奧義書》引言 884 頁）

20 夫（瑜伽）八支之術，始於何事，曰：始於持戒
與精修也。是原有信《韋陀》一項。信《韋陀》
則敬《韋陀》之神，而輔之研理，因之以智慧，
持其咒而守其誓，此基本之精神修爲也。煉體式，
行導引，倘無一大精神修爲爲之主，則與行柔軟體
操無異，是一物理訓練也。然此物理訓練雖至艱
難，必有效果，其效果之爲有益或有損，另是一事。
佛法不信《韋陀》之神，而西藏之煉士，采印度

之瑜伽，則乞靈於其"陀羅"，要之，亦借助於"他力"。顧其終極之目的為何者耶？曰入"三摩地"耳。藏密不承認個人心靈之與超上大梵合契，亦必曰：以"空"合"空"。要其所取，倘原始要終，亦猶可不失瑜伽之正軌。而入"三摩地"非必由此中間一段物理訓練，亦盡人而知者。然歷世以來，修赫他瑜伽，以及佛法中之藏密、印密（以至於東密），其間流弊滋多者何耶？其咎在就此八支論之為除頭去尾而純取中間一段。（編按：瑜伽八支，謂：持戒、精修、煉體、制氣、斂退、守意、定念、三摩地）縱其如此，倘修為合法，豈不有強身卻病之功，返老延齡之益？顧其廢時費力，得失難可定評。及至不肖者為之，則專意於斷呼吸，克睡眠，冀輕身，求秘視，神聖之本旨既失，從由之方術皆乖。殊非樂道之資，竟乏善生之助。曾幾何不淪於內傷、殘廢、神經錯亂以及瘋狂、暴卒耶？然億萬人中，豈無少數成就之士？一人得道，千百響風，建暗室於山椒，結茅茨於水次，以遊惰為修習，以乞食而資生。下焉者，興邪作祟，結黨成群，一着黃衫，多行黑法，貪婪無厭，則藉口"奉神"，男女淫亂，則托詞"調體"，冥頑混沌，則曰"止寂心思"，殘虐賊殺，則言"等觀生死"。此種社會，早失中堅，人離人道之常，僧罕僧伽之律，所以外力才加，勢若摧枯拉朽，觀於史乘，多有可爲殷鑒者也。（《商枳略奧義書》引言 920—921 頁）

21 韋檀多學一基本人生觀，即以爲死、生乃對待之相，自當雙超，得永生而成解脫。生、死兩輕，永生爲重，主旨與西方宗教大同。人之一生，大率分爲四期、或四階段，是之謂四"阿室羅摩"，即求學期、家居期、林棲期、漫遊期四者。然此一系統，起初必爲平行排列，其後乃爲縱緣段分，蓋意中事。及此系統明定之後，果依序在古代社會實行至何種程度，亦難確定。然此理想實爲高遠，人生百年，誠不自詿於世務網羅，是爲多靈，已而勇退，脫然求有契會於至真者，則亦人類進化之樞機也。

（《阿室羅摩奧義書》引言 997 頁）

22 古天竺信仰：業，生死流轉因也。因與果相推遷，業與力爲表裏。有宿世之業，有前生之業，有今生之業，其果報，則今生受者是，來生受者是，將來若干生受之而未已者是。力不滅而業不止，因不滅則果當生，果又生因，因又生果，業力之流轉無窮，生死之輪迴不已。是以有棄除行業之間也。書（《阿盧尼迦奧義書》）中所言解脱法，皆外在捨棄之方。將渾渾沌沌，崖居而雛飲，大同乎澒溟者耶？若是者，非特視文明爲敝屣，即宇宙亦幾乎息矣。將以爲萬物皆是幻有，盡人當入寂滅，其爲解脱，固矣。然果造化之本旨有在於是耶？若是者，造化又奚事乎宇宙爲？生之來也不可卻，其果無所自來耶？生之去也不可止，其果去無所之耶？夫以天地之大，日月之明，星辰之麗，山岳之填，江河之流，草木之滋，金石之固，犀象之巨，螻蟻之微，無隱無顯，紛紛綸綸，自固以存，莫不有真理在乎其間，倏然其軌律而不可亂，獨斯人類爲其靈長者，乃當痛苦不止，悲哀不息，嗟生怨死，日夜求其出脱而後已，此豈造物之情耶？夫謂生生相續，業力貫持，是已。請循其始，姑謂有始，其初世之業，何自而來耶？抑又循諸史跡，自榛狉草昧以至於今，文明與野蠻異矣，而人類且將還轅易轍，必旋歸止於太初，又豈進化之情耶？然則生死輪迴，果無需出離矣。曰：是難言也。棄捨亦有其至理存焉。莊生有言："夫欲免爲形者，莫如棄世，棄世則無累，無累則正平，正平則與彼更生，更生則幾矣。"——雖然，此路由也，非歸極也。適郢而首燕路固不可，然荆之路非郢也。然因果業報，非以是而除耶？曰：

謂其不昧者是也。大抵見道則因果遁形，契真則
業力移軌。——無累者，無執也。有執必不能無
累；執於實，累也；執於虛，亦累也。若執乎棄世，
是又將以無累累者也。故莫若輕外在之棄捨，而
重其內在之正平，一以見道契真爲極歸，則幾矣。
（《阿盧尼迦奧義書》引言 1001—1002 頁）

23 天竺社會，婆羅門爲祭司，祭司賴作法事而得
布施以爲活者也。平民於供納賦税之餘，以其歲
入九分之一充作布施；或者以其四分之一充作布
施，而以其四分之一儲存。然儲存又或有多於三
年之日常費用者，亦以爲布施之費。（見 Alberuni's
India，ch.LXVII）其耆那教徒與佛教比邱，皆無資生
之具，亦皆賴布施爲活者也。原凶年饑歲，雖治
世不能使之無，其流離轉徙，無資生之具者，又
皆賴布施以爲活也。何況鰥、寡、孤、獨、廢疾者，
皆天下之窮民而無告者也，實無國無之，無世無之；
以大道之不行，政事之不舉，法制之不講，飢溺
之不懷，救濟之不及，無以爲生，則皆輾轉泥途，
乞丐求活而已。且夫唯資生之艱，則得生也厚。其
於生也愈無求，則得於生也愈不足。印度地居熱帶，
生殖滋蕃，藜藿足以充飢，則肥甘無所慕，單布足

以蔽體，於裘黻無所需，茅茨足以避暑，雖宮室無所羨，樸素足以全性，任機巧無所施。隨放散而就穨唐，因宜簡而成鄙陋，此韓昌黎所謂"泊與淡相遭，穨墮委靡，潰敗不可收拾"者也。故其平民生活，與乞丐亦不甚相遠。今觀此書（《比邱奧義書》），猶爲振起者也。且奚適而無道耶？乞丐亦有道也。其所舉諸人，自喬答摩以下，皆聖賢之列。分其流品，則雖出世道中平等仍有等差，與其族姓之分殊，精神一貫。其原則主於無所凝滯，以爲凡有沾執，必損道心，雖聖水靈山，朝香客輻湊之區，其留不過七宿。亦又遑遑於幽暗無人之鄉，宛若逃出此生之不暇，其脫然無累，於生死固灑如矣。古有入山林長往者，末俗以此爲清高而巧僞萌生，其視此輩"超上飛鴻"，事業無聞，聲名不顯者，未知果何如也。世、出世法固不可一概而論，天竺與中國社會誠不可同日而語矣。（《比邱奧義書》引言 1006—1007 頁）

24 考出世一道，在天竺似亦因其自然環境有所許可而然。平民生活一例簡樸，其出世、入世有異乎？無甚異也。其在溫帶、寒帶，人民且求免凍餒之不暇，棲乎山林，倘非有資生之方，供養贍足，必多枯槁蕉萃而無所成。人之生也，多勞；及其老也，多智。勞趣於佚，智極乎明。倘使平生之大事皆畢，無復室家兒女之累，進趣向上一途，觀想宇宙人生之真諦，則其所得，或可有以淑人群而傳後世者。不然，亦可曠放遨遊，高騫遠舉，悠然體道，達化知歸，未始非桑榆之樂事也。此俗因仍千年而不廢者，蓋此之由。要之，出世有道，初非年少所得爲，尤非憤世嫉俗，有苦而欲死者所得庶幾，實爲一積極之事，迥異乎消極而逃虛空。而天竺古人之出家也，猶先之以儀法，并其日常取火之燧木亦皆焚去，以示果決。有如塞井夷竈，辦道殺賊，果同孫、吳之用兵哉。（《出世奧義書》引言 1011 頁）

25 考尋常文化史，人類宗教思忱，必始於象徵。其時文字猶簡樸，倘"真理"得之於視見、啟明、靈感、直覺，則不得不以常俗之語表之。及至人文進化，語文繁富，理智發達，思想斐然，則說哲理，抒奧義，發揮光大。然竭人類之思智、語文，於彼"超上者"終無可表述，相内、相外，兩不可窮，無已，歸於不求義之咒誦，不尋思智，專循神聖權力一途，此密乘之所由起也。然自宗教哲學視之，咒誦興則亦思想之衰也。（《尼理心訶奧義書》引言 1049 頁）

卷　五　二十三條

1 在《黎俱韋陀》一千零二十八篇詩頌中，頌讚因陀羅的約四分之一。似乎在古伊蘭與印度兩民族未分的時代，已經敬拜此一神。這最初是表示人類對大自然的力量的崇拜，是雷雨之神。到後來衍變爲戰爭之神，擊殺"旱魃"或"黑暗"之神。"旱魃"被殺，則釋放被囚禁的水，即雨水，而且勝得光明。其爲戰神，則當亞利安人南侵而征服古土著的時代。於此不難假定，在印度伊蘭時代，有這麽一位代表自然之力的天神。其時亞利安人一方面遊牧，一方面戰鬥，所以將他們的想象，反映出這麽一個形態。他們當時好勇，好醉飲，因暑而時望雷雨。及至耕耘定居之後，它種理想的神繼起，不復敬拜歌頌他了。於是變成了《史詩》和《古事記》中的一位英雄。後起亦有因陀羅戰勝克釋拏的傳說。或者在韋陀時代晚期，有一仍拜因陀羅之民族，戰勝另一信仰克釋拏神之民族，遂起此傳說。大致韋陀時代後的印度教，已没有人敬拜這位因陀羅了。但在我國歷代寺院建築中，還存留了一位"韋馱菩薩"。這名稱是當理解爲韋陀時代的菩薩或韋陀教的菩薩，即此一神。塑像多是武士裝的立像，手下支持一長金剛杵或其他兵器，則仍然是古代雷電的象徵。大致古代戰鬥或狩獵，也有攜帶織網的。《華嚴經》中仍有"因陀羅網"之說，又簡稱"帝網"。於是這位"帝釋"，成了佛教的"護法天王"，打擊外道，在印度有與拜水外道、拜樹外道、拜蛇外道爭鬪之說。及至入乎金剛乘中，乃成爲"金剛手菩薩"，"手"表示"權能"，於是"因陀羅"神在各宗教上的衍變遂盡。（《韋陀教神壇與大乘菩薩道概觀》《中國佛學論文集》337—340頁）

2 琰摩（Yama）即"死神"。佛法入中國後，民間似乎添了一位"閻羅"或"閻羅王"，是秦漢古籍中所沒有的。在古韋陀時代，則已有這麼一位"死神"。其實亦與其他諸神的性格不同，只是一死者的統領而已。說此神的家世，父親是"太陽神"，母親名"昧光"。有一個妹妹，名琰靡（Yami）。全《黎俱》中，其頌詩不過三篇，但第十卷中尚有一篇，記他和妹妹的談話，妹妹稱他爲唯一有生死者，要和他結婚，但他拒絕了。餘處亦說他願意舍身得死，至於別一世界，遂給人開闢了一條路，至其祖先逝處。常與琰摩并稱的是"火神"，"火神"引導死者，所以稱爲他的朋友又是他的祭司。——於此，似乎可推知火葬的起源甚古。——他常常和安吉羅薩同到人間，飲"梭摩"，且享受祭祀。安吉羅薩（Aṅgirasa）是祭司的一大族姓。琰摩所居在最高天，——古韋陀時代只有地、空、天三界，——居處歌吹不絕於耳。凡人供奉他以酥油，以"梭摩"，求壽年，求他領導至天神所在之處。有兩種飛禽是他的使者，一是梟，一是鴿。他有兩頭巨獒，皆是四只眼，虎紋，巨鼻，替他守居處，也遊行人間，爲他傳信。人間也敬這大犬，爲了延長壽年。大致他的鳥使一到，那麼人便會去了。他的路便是"死"路。他足上有鏈子，與婆奴挐的罥索同。佛典中也說及罥索，投出去可將對象網住，不必須是傷害，也可以是網救或挽救。他即是永生者中最初有死者，所以是人類的鼻祖。似乎也是死人的首長，是天上樂園的主者。全部《黎俱》中，未嘗道及其爲懲罰罪人之王，其賞善罰惡之說，遠在後世方起，與中國的"閻羅"異。（《韋陀教神壇與大乘菩薩道概觀》《中國佛學論文集》350—351頁）

3 人類之追求真理，那種動機總是永不止息的，心思總是改變的，因此文明也才有進步。不論時間延伸到多麼長，若干世，若干世紀，若干紀，人類的進化是一事實。宇宙間生生不息，大化流行，人事實無時不變。到韋檀多初期，古韋陀之神便少有人敬拜了。比方農業社會人民定居，便不怎樣喜歡戰神，轉而崇拜土地，崇拜生殖。祭司極權時代已過，到《薄伽梵歌》時代，已經嘲笑《韋陀》之讚頌爲無用，如遍處有水，一小池之水便没有了重要性。而佛陀出世了。由小乘而大乘，又再變爲金剛乘與密乘，這是在佛教範圍以內的衍變。在佛教範圍以外，由繁而簡而分，婆羅門道一衍而爲三：大梵道，維師魯道，與濕婆道。在佛教衰微以前，也仍受佛教影響，如基本戒律及誦三皈依等，只是所皈依的對象改變了，至今仍有跡象可尋。(《韋陀教神壇與大乘菩薩道概觀》 《中國佛學論文集》354—355 頁)

4 佛説法，揭櫫“諸行無常，有漏皆苦，諸法無我，涅槃寂靜”。適説出了人生的真理，雖真理不止於此。入涅槃當然人生之苦皆息，但這只是佛陀的理想。元魏菩提留支譯的《破楞伽經中外道小乘涅槃論》，凡二十種，亦皆不同於佛説的涅槃，皆各有其最高或最極的人生理想。《薄伽梵歌》也說起"梵涅槃"，仍與佛教相同，似乎不分辨有餘依或無餘依。平行視之，各個自佛教所斥爲外道者，無一不有其理想，亦多有其儀法、修爲、戒律等。因時代之進步，各教各派之盪摩，內容之增益，理論之擴充，漸次從原始佛教衍出而爲大乘，尤其是北傳，完全改變了佛教的本來面目。謂大乘諸經皆是佛說，是自古已爭論的問題。謂其爲佛說可，謂其爲歷史上的瞿曇，即釋迦牟尼佛或釋迦文佛所說則不可。（"文"是音翻，古音讀如"門"，今廣東語中猶然。發音爲 m，故以此翻muni"牟尼"之 mu，亦近。省略"尼"ni 音。佛典中於此"文"字，又有以漢文義解釋者，無謂。）皆是假託佛名而作。自外道觀之，佛法又是外道，如今看來，佛教而外之諸道，大有研究的價值。（《韋陀教神壇與大乘菩薩道概觀》　《中國佛學論文集》355—356 頁）

5 在中土及東南亞，最著稱的一菩薩，是觀音。Avalokiteśvara，以《西域記》音翻"阿縛盧枳多伊濕伐羅"最爲正確，義是"觀"與"自在"。"自在"即"自在之主"，不知何以得"音"之一字。必然誤刊落"伊濕"一音，而誤作 svara，則其義

爲"音"。或者最初此名乃從其他西域方言之譯
梵文者，間接譯入華語，所以未能正確。此神之
敬拜盛於中土，則在出《金光明經》以後，在公
元後二世紀，在北印度則拜觀音盛於三世紀，至
七世紀臻極，八世時大乘漸衰，至十二世紀時在
喜馬拉雅以南，聲名寂然。亦在七世紀中葉入西
藏，藏民信其代表佛陀，守護佛法，直至彌勒將
來下生。亦信其爲第四世界，即如今這世界的創
造者。入日本則在七世紀初云。以象徵論，文殊
表智慧，普賢表喜樂，而觀音表慈悲，相應而居
空上、火上、水上，還有象徵力量的金剛手，居
兩間，象徵富藏的地藏，居地上，依然是遠古"四
大"的傳說。觀音的敬拜甚盛，在邊疆流行的金
剛乘中造像特多。此後有好事的學人，毋妨專修
一《觀音》或《觀自在譜》，舉出其造形之變相
若干種。手臂多象徵力量或權能，則有二、四、六、
八、十、十二、二十四、千、二萬二千手等不同。
由身所吐現或五佛，或十二佛，或三頭，或五頭，
或十一頭，其吸收印度教諸神之跡象可考。其手印、
姿態等，以至於法物，多采自他道。如印度最初
的觀音像，合掌作婆羅門禮，與大梵神造像同。
其後造像有時而五頭，與濕婆化身同。有造像爲

手持三尖叉，蛇繞其上，亦與濕婆同。而此三尖或三股尖叉，原希臘海神之武器，則其受他國文化上的影響，亦有可說。——此皆所謂密跡觀音，當入金剛乘或密乘研究範圍。至若本爲一男性菩薩至中國而變成了女神，這或者是源於印度之"力"（Shakti）的崇拜，"力"常是陰性，慈悲便是一柔愛之力。或者，因流俗稱"南無"（Namo）即"皈依"，音與"老母"二字相近，所以成爲一慈愛的老母便是女神了。崇拜"力"的信仰，至今在印度還盛，如杜迦母（Durga）便是。（《韋陀教神壇與大乘菩薩道概觀》　《中國佛學論文集》360—361頁）

6 如何從佛教本身產出了這麼幾乎與之以否定的宗派（禪宗）呢？從歷史觀點說，這是因爲佛教本身已發展到出乎凡人力所可操持的限度以外了。三藏之文字，除所譯的經典以外，即華方的著作如註疏等，已經是汗牛充棟，有如儒家之載籍既博，"屢世不能竟其學，當年不能究其禮"，既非人力可勝，自然不免棄斥。而質量上又很少新說，不足以應人心求變易、求進步之需。於是在印度自龍樹而後，抵抗不過傳統婆羅門教的勢力，佛教大乘本身變質，專門轉到密乘方面去了。在中國一方面到相當限度接受了密乘，一方面來了一大廓清運動，發展了禪宗。其次因爲一種形而上的要求在凡人皆有，不限於知識分子。大致投入僧伽的，也是魚龍混雜，許多人并不識字，知識水平不高。比方禪宗六祖慧能，便是識字不多的人。由是不能以佛學之學爲重，而逕直趣於學佛之佛。另外從哲理方面看：遙遙一涅槃的目標在遠，一大部空宗般若的議論在前，一切如夢、幻、泡、影，如露、如電。那麼，便是一切皆空了。而究竟仍有夢、幻、泡、影、露、電，又難說爲一切皆無。於是不得不說遠離二邊，契會中道。譬如說已知實是無花無相，又不可說無花無相，這是已陷矛盾，達到推理之窮，只合有無雙超，超出語言文字之外。只合默然契會，有如三方程之外，另添了一方程或二方程，衍變出無理之理，成了禪宗。（《陸王學述》九 55—56 頁）

7 歷史上東方民族，實亦憂患太多。自然界的大災難一發，如大水、大旱、大疫，便是成千整萬的人民死去。這經驗養成了一種聽天由命的人生觀，很少人立起征服自然的大志。於是往往覺得人力實無可作爲，純靠天意。於心泊然無所起，於力亦廢然無所用，結果則如韓昌黎所云"頹墮萎靡，

潰敗不可收拾”。這是出世道的弱點。（《南海新光》
《文集》卷一 13 頁）

8 人類與自然界，實免不了許多鬥爭。要“先天而
天弗違”，便是要利用“自然”使爲人役。“絡馬首，
穿牛鼻”，是人類作出來的事，爲善人生而不必善
牛馬之生。人的方面事事當爲，不能靠天而事事
不爲。譬如建造大屋，必要有棟樑之材，若僅是“黄
蘆白茅”，則只能安於茅棚草舍。在社會的建設
正是如此。人才缺乏由“君子”之退，君子退則“小
人”進，則其事可想了。社會由此不治，國家由
此積弱，民族由此頹唐，那麼，這得挽救。亦不
能徒從政治着手。這非一朝一夕之故，由來已久，
便得從根本上想法子。（《南海新光》《文集》卷一 14 頁）

9 瑜伽分知識、行業、敬愛之道三，皆是趨向證會“神
聖者”，上與“至真”合契。不但智識分子，由
思維、由義解、由觀照可趨證悟，即一字不識的人，
有單純誠樸的心，專精一致，亦可由敬愛而證會。
一字不識的人，必然也有困難，非我輩所知，（如
禪宗的六祖，便是識字不多的人。近代印度得道的羅摩克釋
拏，平生亦讀書不多。）然他已從頭没有佛家所説的

文字障，在智識分子異常窒礙着的。而行業，即工作，總歸是沒有不可的。徒然靜坐山林，游方乞食，終爲社會之蠹，不是法子，即不論爲他人，僅是爲維持自己的生活，總得作點事，用點氣力。而從工作或行業中，亦可以契會"神聖者"。（《南海新光》《文集》卷一 16頁）

10 現在建立於過去上，將來亦依現在而立。然人總不能是爲過去而生活，而是爲將來而生活。如果不革新，不開闢新天地，徒然保持現狀，必然很少或沒有進步，久而久之，必然退後、沒落了。因爲宇宙是進化的。這一律則，雖日常生活上的小事亦見其然。（《南海新光》《文集》卷一 17頁）

11 自來精神修習，智識啟發，性情陶冶，身體鍛煉，在近代教育上皆所并重，此有識之士之所同然。翻閱"儒林傳"或"文苑傳"，往往可見其人專鶩知識，忽略了身體，結果是多病或不壽，這不幸的現象，中外同然。尤其在精神修爲上，要有極強健的身體。（《南海新光》《文集》卷一 21頁）

12 人倘要不被塵埃汩沒，便只得從塵埃中振起。

倘若知道環境是惡劣，便正應在此戰鬥一番，將惡勢力克服，不能退避而讓其占此疆場。（《南海新光》《文集》卷一 22 頁）

13 上者自上，下者自下，上下隔絕則"否"，上者下而下者上然後"泰"，中外一理。（《南海新光》《文集》卷一 22 頁）

14 於今印度的瑜伽師，在都市裏幾乎滿街都是，有些散布到國外南洋一帶或甚至美洲，有的自命爲"精神大師"，號召徒衆。大多身著黃衫、肆行黑法，惑衆欺愚，招搖撞騙，好在這現象在中國都市中尚沒有。（《周天集》譯者序 8 頁）

15 （阿羅頻多大師）深知倘修爲不得法，病害多端。於是將各個系統分別研究，一一將其真價值估定，而成其"綜合瑜伽"之論，在舊的智識、敬愛、行業三大系瑜伽中，特重"行業"，要工作，無論高低。由工作，即"行業"而見道，空心靜坐不爲功。而特表"超心思瑜伽"，是至極向上一路的契入。即與宇宙間至真、至上者合契，視整個人生爲瑜伽，則其範疇之廣大可知矣。（《周天集》譯者序 9 頁）

16 曾經有弟子問室利阿羅頻多：我們當守些什麼規律？答復："這裏没有什麼規律。你只須在心中樹立一警衛，凡有什麼情命欲念要進來了，驅遣它。"——所共同信仰的是"神聖者"，如此而已。（《南海新光》 《文集》卷一 12 頁）

17 室利阿羅頻多之從事革命，起初仍是西洋精神，必自覺是知彼有餘，知己不足，亦必然見到當時之民氣有餘，民力不足，於西方民族的特性，文化淵源，實力所在，皆頗了然，但於本國所知欠深透。那麼，回頭從事學習本國各種方言，研究梵學，進而透入本生民族之靈魂，正是自然趨向，是愛國志士所必取之路了。（《南海新光》 《文集》卷一 15 頁）

18 （室利阿羅頻多）素所開示也，惟依他力，神聖之慈愛是祈，杜絶己私，欲念之紛紜務息。無凝滯於事物，則行動亦即靜修。有勤懇之内求，必自我靈明外朗。貫去、來、今，證真、智、樂，終之氣質於焉變移，轉化莫不成就。是則道無不貫，教無不賅，盡精微、致廣大之言，亦至簡易

可長久之行矣。（《阿羅頻多事略》見《南海新光》附錄《文集》卷一　31頁）

19 （阿羅頻多所著《神聖人生論》）集印度韋檀多哲學之大成，所據皆《黎俱韋陀》及諸《奧義書》。數千年精神哲學之菁華皆攝。以"超心思"爲主旨，以人生轉化爲極歸。於商羯羅之幻有論及大乘空宗破斥彌多，其視法相唯識等，蓋蔑如也。於柏拉圖之哲學多所採納，於達爾文之進化論則服之無斁。立論在思辨哲學以上，於因明不廢而已。雖時言上帝，然與西方神學相遠。其宇宙觀往往與我國大《易》之旨相合。稽於復性及變化氣質之義，轉與宋五子及陸、王爲近。譯者以此書入華，意在移植彼土精神哲學之大本，則凡古今宗教之偏見可除，而發揚真理，必有以佐吾華新學之建立者。（《神聖人生論》出版書議　《文集》卷四 134頁）

20 室利阿羅頻多獄中讀《薄伽梵歌》而見道，此一論著（《薄伽梵歌論》）出義圓明，文章茂實，而結構弘大，審辨精微，越軼古疏，穎出時撰。然因中西文字及思想方式不同，文化背景殊異，與吾華讀者，難免隔閡。不得已，輒全部刪篇，篇中減段，段中略句，句中省字。於是有合併之篇，有新編之節，有移置之句，有潤色之文，至若精義本旨，初未敢增損毫末也。至後二部乃近於直譯。雖其如此，或仍不免窒塞，則有賴乎讀者深思細翫之。於今英文原本，求之不難，明通英語之士不少，讀者若取原文校對，初睹或見乖離，若委宛尋繹，且將知其畢合原誼，而述者苦心孤詣之處，或稍見焉。（《薄伽梵歌論》小引（手稿）《文集》卷四 24 頁）

21 於此且舉出一極平常的事蹟，不是什麼特異功能，簡約說僅五十年間，這位母親（阿羅頻多學院神聖母親 Mira），每日早晨六時一刻，必在其寓所二層臨街的涼臺上與大眾相見。院友或路人時已靜立街上仰望她。她向每人看一看，便退去了。晦明晴雨皆如此，未嘗間斷過一日，每日未嘗或遲或早一分鐘。其餘每日上午每人授花一朵不論。其他工作更不必說。——這麼五十年，在我輩必不免"一日科頭，三朝宴起"，在她未嘗有。這不能不使人欽服了。這不是什麼法術，是有恆，是有道。（《母親的話》簡介　《文集》卷四 218 頁）

22 這位神聖母親少年時在巴黎研究精神學術，由超出其環境中傳統所信的基督教而得證悟。又曾在近東與埃及等地研究過玄秘法。倘窮究精神造詣之極，當然要遊遠東。其時已稍聞（阿羅頻多）大師之名，便來訪問。一見相契，確然於所證者皆同，宇宙間便是此一"精神"，雖宗教派別千差萬殊，其發源且當返歸於此精神之"至真"無二。以時代的運會而論，進到二十世紀，東、西方精神之學，也應可會歸於一了。科學早已自證其爲世界性的，精神更是宇宙性的。若以應運爲說，則二氏之光芒合發，正當此一機緣。（《南海新光》《文集》卷一6頁）

23 室利阿羅頻多與神聖母親反反復復說過，各人心中有他自己的宗教，有他自己的信解或行證，不必去擾動，不必反對；尤其不要將本人所說的化爲信條，使凡人不加考驗而貿然信仰。精神之路，要自己腳踏實地去行，不能落空。（《南海新光》《文集》卷一 11頁）

卷 六 三十一條

1 同異，異也。異同，同也。戰國百家爭鳴，堅白同異之辯作。秦兼併天下，儒者乃哆言大同，其說至今不衰。《易》曰："天下何思何慮？天下同歸而殊途，一致而百慮。"夫同則一，異則多；同爲本，異爲末；同乃合，異乃分。一致，同也；百慮，異也。本一而末分，派衍雲初，此一之必爲多，相異也。江漢朝宗於海，子夏、子遊、子張，皆有聖人之一體，此多之歸於一，相同也。同異之理得，乃有學術可言。古今時異，東西地異，種類物異，而爲時、爲地、爲物一也。（《異學雜著》序1頁）

2 綜合者，集大成之謂也。網羅百家之學而無遺，一一皆究其極，然後從而比較抉擇進退抑揚於其間，立定主旨方案，一以貫之而發其和諧，斯之謂綜合也。然亦非有所發明增上不爲功。阿羅頻多氏之學，可謂大矣。獨於雪藏以北中華五千年之文明，所言甚略。若使大時代將臨，人莫我知，無憾也，而我不可以不知人，則廣挹世界文教之菁英，集其大成，以陶淑當世而啟迪後人，因有望於我中華之士矣。（《薄伽梵歌論》譯按《文集》卷八 209—210 頁）

3 中國文明自古，學術文化自有其特色，恆久不已，重心未嘗外移，其種種優勝處不必我們自加揚詡了，以（希臘、印度、中國）三者而比勘、思惟，值得我們警惕、振起。學術生命實與民族生命同其盛衰，互爲因果。器非求舊，惟新，學術則無論新、舊，唯求其是。科學不必説，任何舊理論，新發明，實證即是，無時、空之礙限，因爲物質真理是一。精神真理本身亦無新、舊可言，説其是一，則有待於哲學上的比勘會通了。（《玄理參同》譯者序 4 頁）

4 這真理原是由內中修爲省悟而得。可説凡人自知或不自知，皆多多少少生活於此真理中，而人人皆稟賦有此靈、此心、此性、此情、此體、此氣，古今中西不異，則可謂只有所見之方面和所表之形式不同而已。（《玄理參同》譯者序 4 頁）

5 精神哲學屬於內學，內學首重證悟。悟入精神真理的某一方面，往往爲思智、語文之所不及。然這早已成爲常識，以内、外對言，内、外不可偏廢，即其所證、所悟仍當講明，有可表現，非可遽棄語文、思智。事實應當是一内、外交修之局。（《玄理參同》譯者序 5 頁）

6 現代人士盛言世界大同，理想實爲高遠。然求世界大同，必先有學術之會通；學術之會通，在於義理之互證。在義理上既得契合，在思想上乃可和諧，不妨其爲異，不礙其爲同，萬類攸歸，"多"通於"一"。然後此等現實界的理想，如種種國際性的聯合組織，或統一組織，方可冀其漸次實現。（《玄理參同》譯者序 10—11 頁）

7 室利阿羅頻多以希臘和印度的哲學相提并論，在華文，這區分是容易作的：一爲哲學，一爲玄學。但在西文，Philosophy 一字皆攝。這名詞初定於希臘的畢達歌拉斯，在希臘有其特色，可説此學爲希臘所獨有，流傳至歐洲近代。在印度的，可謂爲玄學或精神哲學，性質又迥乎不同。在玄學是純憑靈感和直覺，在哲學是雖在高境上憑靈感，然重概念。重概念則重分辨，重方法，玄學不然。牠只能以較高底靈感代替較低底靈感，其所出的概念也是多

象徵而少直指，多概括而少分析。顧其目的雖同
爲求宇宙之"真理"，而玄學重直觀，重體驗或實踐，
論到精神上的證悟和受用，則竟可謂實際底了。(《玄
理參同》一 14 頁)

8 無論"玄學"、"道學"，"形而上學"，在我
國皆超乎純思辯和理智範圍。至若"第一哲學"，
乃研究"存在"之爲"存在"者，則頗凝定於思辯
之域。將一切抽象凝定於名相思慮之境而嚴格加以
推理，則始於蘇格拉底（Socrates），而東方之道學
或哲學界至今未產生一蘇格拉底，所以形成或支配
東、西方之哲學觀者，始終不同。這一分歧初端極微，
大思想家如柏拉圖，也仍重精神契會，心靈與心靈
之相接，然後有哲學可傳，以爲傳授哲學真理，文
字幾乎是無能爲役的。當然，後世仍賴柏拉圖的文
字。但在哲學發展時代，希臘不是沒有另一精神追
求，即神道。然而或幸或不幸，在中國未嘗有希臘
似的哲學發展，也沒有印度式的精神哲學，亦復沒
有西洋的宗教。但中國不是沒有精神上的追求，也
不是沒有哲學與玄學。但整個中國文化是另開一面，
與印度的和希臘的不同，正如印度文化之與希臘文
化又互不相同。（《玄理參同》一 15—17 頁）

9 希臘思想之明晰是一特色，這歸功於民族的優秀，其文字語言之精密。整個古代希臘語文，盡自古至今歐洲學者之努力，還有十分之三未能了解。文法是世界語文中之最精密的一種。當然，文字是工具，但此工具之優良，成就了製作之優良。由此思想之優良，決定了西方物質發展之優勝。近代語文中唯有日耳曼語最方便於推理，故亦有哲學語言之目。

（《玄理參同》一 20頁）

10 請先略釋關於印度神秘道的事。"檀怛羅"是 Tantra 一字的音譒，姑譯為"密法"。此字在梵文中有三十四個意義，但在此是指各種求神的儀法，為了要得到超凡的權能。中國所了解的秘法，屬大乘佛教，所謂"密宗"，或稱"真言宗"，則主要是唸咒，或朗誦或默念，其次是畫符，和作其他秘密儀式。大乘到末期，論師之路已窮，術士之途漸啟。論師所操的工具是因明，所訴予者是人的理智，所求達的目標是涅槃、解脫，到了龍樹、無著，可謂登峰造極。即是龍樹，已有二人，一是純粹論師，一是附帶了南印度鐵塔的傳說，似乎是一密乘神秘人物。人類的精神尋求，道路是廣的，多方多途。極少人能純粹憑理智而生活，因明甚至邏輯的範圍有限，不能饜足人類精神的要求，於是大乘在中國這重實際而淳樸的民族思想之勢力下，發展了禪宗，一切推翻，并文字語言也不要。在印度本土，這民族原富於幻想與宗教熱忱，便吸收了印度教本身的一切對神的崇拜，發展了無數"陀羅"，誠所謂牛鬼、蛇神，無所不有了。大乘的主旨依然不失，但在相當義度下"法術"盛行了。唸一咒語，施一法術，便可收到超自然甚至超物理的效果。這便是所謂"檀怛羅"，牠部分屬佛教，但主要仍屬印度教。然有一點是值得注意的，這類咒語以及法術，從來是不公開傳授的。流傳到西藏的，即所稱爲"藏密"者，似乎比較公開，其人士頗有社會地位，但在中國內地，這類人士自成系統，江湖上往往有之，不甚爲凡人所崇拜。其間有各宗各派，由於各師的傳授不同。在印度教中則分別所謂"左道"、"右道"，即通常所謂"黑法"與"白法"。大致非其道中人亦不得其詳，而行"黑法"者，必不自以爲黑，或者自知或不自知，如近古殺人祀"大力神"，在旁人必以爲"左道"，爲"黑"，然其人必自以爲非是。似乎其分別在於由道德或倫理或反道德與倫理而入乎精神境域之辨。神道超人道以上，但神道亦在人道之中。
人道應當超出，若道德與倫理成了拘礙，則“左道”
可濟“右道”之窮。神道原不離人生，若其奔軼
放蕩轉有害於人生，則“右道”正所以救“左道”
之弊。通常兩派是互相水火，於精神造詣已深，
方可見其等平，因爲人性中本來有這麼兩個趨向。
其爲流弊亦同然，總歸是忘卻了主旨或原來的指
歸，以小術、小數爲大道，忽略超上的精神境域了。
（《玄理參同》一 27—29 頁）

11 四《韋陀》中的《黎俱韋陀》，皆是對天神的頌讚，
體製無韻而有節律，亦等於中國的詩，可誦可唱，
而罕播之於絃管。意義可淺釋亦可深釋，訴之於
凡人亦訴之於最高底聖人或神人。印度一般的信
仰，以爲皆不是人作的而是神授的，Rishi 這名詞，
佛典中譯爲“仙人”，在古代指“詩人亦見士”，
是見道知真的人。《韋陀》的作者，便是這流人物，
所表的是見者的智慧，所用的是見者的語言。因
其見到宇宙人生之奧秘，所表之者是奧秘底語言，
這便又自然成其爲神秘道了。大抵其崇高底精神
知識或玄秘知識，亦不宜爲凡俗所共知，除了傳
授於“入道”之人，即選拔之士，此與希臘古俗

無異。見士狄迦答摩斯（Rishi Dirghatamas）説《韋陀》的這些頌讚，存在於“一無上底以太裏，不可滅，不可變，一切天神皆坐於其間；而不知道‘那個’的人，將以此頌讚何爲呢？”（見《黎俱韋陀》1，164，39）他又説語文出自四境界，第四界乃屬於人間，即尋常語文，而其上三界皆隱秘了。然至今所推許此等《黎俱》或詩誦，分其内中和外表兩種意義，外義雖凡此詩誦皆著，即可讀，可解，然必在見道知真的人，乃可窺知其内中另一深義。依尋常人這麽讀去解去，終於是見之而不見，聞之而不聞，誦之而不知，解之而不解，此即其所以爲神秘了。簡言之，同一文字的意義，有顯有密。（《玄理參同》一 52—54 頁）

12 阿祇尼（Agni）即“火神”，且略作文字學上之分析：“阿祇尼”一字之“阿”，可謂原始字根，義爲“是”，即“是此是彼”之“是”。其次一字母爲 g，義爲“力”，由是成一拼音爲 ag，成次等字根，義爲“力中之是”或“存在於力量中”，換言之，即“强盛地生活着”。或“優越地生活着”。尼（ni），即名稱之附加，在音譜時，g 與 n 合而表之爲“祇尼”，實則“祇”字無韻而有聲，略如古之反切。然則“阿祇尼”此字或此名稱之本義，爲“有力”、“雄强”、“光明”、“優越”。古代拜神必燃火，不論所燔者何物，無火決不能成其祭祀。火焚於地而上達於天，則此“火神”是天、地兩間之一中介者。因此有“祭司”之稱。無星無月之暗夜，燃火則明，故又謂爲“見士”。古人鑽木取火，由上、下兩片木用力敲擊，然則亦稱爲“力之子”。火明則無暗，故亦稱“無睡使者”。其他種種名稱，意象皆極豐富：如“家中永爲清醒之火熠”、“我輩住宅之主人”、“可愛之賓客”、“造物中之主”、“髮辮發光之見士”、“不可戰勝之勇士”、“人類導師”……種種名義，不一而足。倘若意義僅是如此呢，則可說是靈感的詩誦之辭，可在文學上品其價值而已。然真成其爲精神哲學，於此即可見頗有不止於此者。如上所云，求字之本義，牠表示優越底力量，那麼在任何作爲、運動、情況，以及人的感覺中皆然。爲力，爲優美，爲光華，居力量、或權力、或能力、或權能之首。必求其所自來，而宇宙有其“主”者，此必出自浩大而秘密之“主”。此“阿祇尼”然則乃“神明”之火。推之，凡存在之力量，作爲的能力，形式之美，知識之光明、榮耀等，皆此“阿祇尼”的顯示，此則出乎通常"火神"一名的概念以外了。然則可概稱爲知識之力，或更就本原說，爲"神聖知覺力"，凡熱情之力，意志之力，皆概括於其內。此一"神聖知覺力"之於物質界，乃形成或毀滅一切事物，牠攻入、籠括、改造、重創，那麼，又是物質及其形式下的潛在者。——作如是觀，已頗涉入精神哲學境界了。此一知覺着的力量，不容黑暗，爲見者，又爲見者之意志，則可說其所知覺、所見者必爲"真理"，因爲通常是黑暗與光明相對，即"真理"與"虛僞"相對。無論世界如何黑暗，此一神聖意志與知識之光明必然存在，一旦顯明，必然見到"真理"。如《黎俱》所云，阿祇尼是一祭祀的領導者，他以犧牲的馨香達於上界，供奉天神。推廣此義，凡物之成也，毀也，始也，卒也，皆可謂"犧牲"，人類若志願覺醒，以其一切活動奉獻於一更真實、更高尚之存在，或者說，要出離生死以達永生，那麼，必當引燃此一"力量"與"意志"之火焰。然這"意志"亦包括人的"情命意志"，此譬如煙焰，將情欲等焚去或犧牲掉，則無上之精神意志出現，白熱之焰，上升於光明之天國即其故家。其毀滅亦即是純潔化，將人生一切虛僞焚卻了，然後人類乃得生活於純粹真理中。它是古往今來的人類之共通理想，希臘古代如畢達歌拉斯（Pythagoras）派人物，多麼注重純潔化、或清淨化，是略窺西洋哲學者皆知的。若詳述阿祇尼在《韋陀》或印度古代文化史上的地位，非此文字所能罄盡，亦非此文本旨。要之，若謂其爲一個人性之“神”，毋寧謂之爲一宇宙原則，爲一雄强底宇宙力量或世界權能。因其本是偉大，亦無特殊自求之目的，故不在群神中稱尊。有如天界的一祭司，而祭司不是所崇拜的對象。總歸這是一精神真實，其有助益於人類之工作無盡。（《玄理參同》一 55—60 頁）

13 五行，漢代人釋爲“五常之行氣”，是優美的解釋，因爲這已離乎初期希臘哲學那樣的信仰，以爲或火、或水是宇宙萬物之本始因。“氣”無法解釋，只可説是一精神運動，仍統攝於陰陽二元之一元。在一圓周上劃定四方，又配之以八卦，加以中央，更配之以五行，重之爲六十四卦，即六十四個表象，附之以天干地支，再加之以算數，宇宙萬象的基本原則，幾乎欲籠括無遺。——倘若這在理論上不可能，至少原來的主旨如是。——整個精神哲學系統化了。在學術史上大抵系統化後起，是從漫無統緒而又豐多的材料中提挈而綱領之，是幾乎純理智的產物。八卦中之"離"，象火。火總有其熖中之黑處，即尚未燃燒之氣體，表之以一陰爻。上下皆陽爻，表光明。這距神話境界已不知多麼遙遠了。牠不是"火神"，而只是宇宙間一"原則"，"見乃謂之相"，是一現相，六十四卦中之"離"，則謂"離，利貞，亨。畜牝牛吉"。彖曰："離，麗也。日、月麗乎天，百穀草木麗乎土。重明以麗乎正，乃化成天下。柔麗乎中正故亨。是以畜牝牛吉也"。象曰："明兩作，離。大人以繼明照於四方"。這是就剛柔爲說。火須是剛猛之物，兩陽爻、一陰爻皆得其位，正表其剛猛之力。這裏就音訓爲"麗"，義爲"附着"，但亦有"美麗"之義。古代不言"美"而言"文"，"物相雜，故曰文"。於《易》是"通其變遂成天下之文"。或"觀乎人文，以化成天下"，凡我們現代之所謂"文化"，其義今、古不異。以今言出之，凡美麗底事物，皆曰"文"。文采之新著曰文章，取象皆是美麗，光輝，所謂"文章昭晰以象離"，是取此一火德。而"離"又有"分別"一義，訓"絕也，別也"，如言"分崩離析"，則屬散壞之工事，此與火之能壞滅一事義相通。但這裏又將其抽象化了。顯然，所謂"明"，不能專指火燃之光明，亦當指人之"明智"，即知覺之明。明而又明，即重卦之象，爲"麗"（通

傺），即"兩作"，即"繼明"。內卦與外卦皆"離"，
即可說"內明"與"外明"兼備。大人之明如是，
而且"照於四方"，則不單是屬個人之造詣，亦
是向人類之普及了。——於此，可見凡印度神話
中之高尚義，如"形式之美"……，以至"神聖
知覺力"等，皆收攝無餘，且廣大又有過之者。（《玄
理參同》一 61—62頁 65—67頁）

14 （赫那克萊妥斯說）天神有生死，而人是永生。據
室利阿羅頻多所舉《韋陀》之喻，則此一信仰起
源甚古。是說人有永生的原則內在，而天神下降
於生死中，有其生死。佛乘保持了同此一信仰，
但理想是成佛，或得涅槃。天神，通常在佛經中譯
爲"諸天"，是多數。諸天若要成佛，便得入此
輪迴，其投生世間以前，有"額上花萎，腋下汗出，
眼目瞬動……"等等六個現象。在其本界或國土，
他是無由得解脱的，而無論他的快樂多麼永久，壽
算多麼悠長，他總有一天得降生，再加修持而成佛。
後世瑜伽學中亦同此說，要與"至真"或上帝合一，
必須在此世界或人間。因爲唯獨人有此聖神性靈可
與至上神靈合契，而諸天則未有。與至上者合契或
同體爲一，即是得到永生了。這是本之韋檀多學信

仰，遠追仍至於《韋陀》。所以在東方人看來是常語，因爲慣熟此說，不以爲奇，而純用思智的西方學者，便以爲絕不可解了。這是任人怎樣去思惟是思惟不出結果的。孔子曰：未知生，焉知死。這答復不是教人不要知死，只管知生便夠，這暗許生、死是一體。儒家不離"人"這本位，人是中天地而立，與天地爲三才，他既與天地萬物爲一體，則無論"諸天"或"鬼神"皆没有超出他這"本體"以外。他既與天地萬物同爲一體，則可推知以格位（status）論，他高於鬼神。古人未嘗説鬼神能與天地萬物同體，而說於人則能。持此以勘這希臘哲人的名理："天神有生死，人則永生"，亦可見其理之相通了。《易》又言人與鬼神合其吉凶。孔子曰："夫大人者，與天地合其德，……與鬼神合其吉凶……"。自來釋"乾"之九五爲人君之德，實際上不必爲人君，簡單謂之爲一理想人格曰"大人"於義已足。此同時表人類中人可有此造詣，即暗許凡人皆可有此成就，即有此潛能。這又與印度瑜伽之說相合。"瑜伽"的字義是"結合"，所修爲而企慕與之結合者，不是何鬼何神，而是"無上者"或"至真"或"上帝"。——這麼反復一思量，則室利阿羅頻多所云"永生的原則在人中内在"，

119

以釋赫那克萊妥斯的 "天神有生死，人則永生"，
亦可明其說之同，與我國大《易》之理初無不合了。
雖然，有學者可以問：縱使東、西方或古或今之
說同然，不足以起我之信。因爲人文是進化的，
鬼神原屬虛無，没有科學實證。無論是希臘的或
中國的或印度的成說，倘若其爲同，可謂明智之
相通，但亦可說爲愚蠢之相類。如今時代進步了，
這些迷信皆當棄斥。這答覆是簡單的：人要明"道"，
真悟得了體驗了"本體"，見到了"性靈"，或"復
性"或"見性"，然後於凡此諸說可心知其然而不疑。
否則，愈解釋則愈糾紛，愈不足以起信。若科學
之知，因訓練學習而得，則玄學之知，亦因修養
證悟而成。存其說而内中自求證解，實是明智而
不悖於科學精神。（《玄理參同》一76—77頁　79—81頁）

15 赫那克萊妥斯又立一義，即"戰爭是世界的律則，
爲萬物之父，爲萬物之王。"（第六十二則 四十四則）於
此相聯的，又有另一則簡言："與另外一個爭鬭的，
支持牠自體。"（第四十六則）類似者，又說："分
異者，與自體合同。"（第四十五則，依柏拉圖《Sophist》
242D）"世界的和諧，安立於對反之緊張上，如豎琴，
如弓弦"。（第五十六則）——這皆是他的理論一部

分或一方面，不是全體。這位希臘哲人提出了兩個原則，即"戰爭"與"和諧"，而將其化爲通則或世界原則。說"鬥爭"，正與時下的學說有合，如近百年來的"生存競爭"與"階級鬥爭"之說皆是。說"和諧"，則希臘的畢達戈那斯之求"中和"（即兩對反者相互融合），求之於音樂，推之於醫理，其說卓立。我們姑且檢尋我們中國古代哲學，有何類似之說。倘若這是人生之通則，則古代哲人沒有忽略的道理。"戰爭"或"鬥爭"之說，在大《易》中早已存在，"坤"之"上六"爲陰盛之極，曰"龍戰於野，其血玄黃"。見於"說卦"："帝出乎震，齊乎巽，相見乎離，致役乎坤，說言乎兌，戰乎乾，勞乎坎，成言乎艮"。此文不像孔子之言，其後之解釋，卻說出了一點意思："戰乎乾，乾，西北之卦也。言陰陽相薄也"。這與"坤"之"上六"意義一貫。可以推知凡陰凝於陽或陽固於陰，皆起爭戰。"易"道明變化，變化即陰陽剛柔之相盪摩，相迫擊，（薄，迫也）相兼併。然陰陽互相爭戰，亦彼此相需、相成。筮法老陰、老陽變，則亦互易。推之於五行，則皆相剋相生。剋便是克，即相勝。相克相勝便暗許是相爭相鬥了。相生即是相成。宇宙不息，萬化不停，基本落入一簡單公式，曰相戰鬥，相成全。綜合《易經》這兩處而繹其義指，實許世界萬有之創化，有其爭戰一方面。是爭、是戰，便是相勝相傷，相勝相傷即有毀有滅，亦有如《莊子》所云："凡物之成也，毀也，無始而非卒也"。但我們若掉轉此一語說："凡物之毀也，成也，無卒而非始也"。其理實不異，說相剋相生，這裏只着重了"相剋"一方面，非理體之全。治《易》者好言"氣數"。"數"且不論，"氣"字涵義實覺混茫，似乎無由界說。姑譯以近代常語曰"力"。或者較易了解。宇宙間多少種力量，何可勝窮。玄學上分之爲兩彙，稍成其系統，總歸是兩方面各在擴充，擴充至極，勢必相併吞，相毀滅，亦相成就。小至於人事之微，大至於可能毀滅全世界的戰爭，最後分析竟皆落入這一公式。這是生命的理實，自有人類以來便是如此。（《玄理參同》一 82—89頁）

16（赫那克萊妥斯）將"心靈"說爲乾、濕，誠覺費解。使人感覺不倫不類。但這兩名詞之後必有一理實，爲我們所不知。室利阿羅頻多自己說《韋陀》義時，也有"乾光明"、"潮濕光明"諸名詞，體驗出自內中，而表述之取材仍出於此。倘若我們稍稍變換名相而求其會通，則我們於"心"，"心靈"、

“性”、“氣”，……等心理形況，不慣於說“乾、濕”、或“枯乾”、“潤澤”，而慣於說“清”、“濁”。這是語文習慣之異，若以“清”代“乾”，以“濁”代“濕”，這便容易明白多了。“清淨心”釋爲“純潔化了的情心知覺性”，即明淨之心知。這只好以境界解說：乾心靈，或清淨心，是一明明朗朗心知之境界，沒有擾濁，昏蔽，姑且加以形況說爲“先天的”。用儒家常語說，如“清明在躬”之“清明”，亦即喜、怒、哀、樂未發之“中”。這當然是物來順應，明朗照物如鏡，所謂“純潔化了的智識”，即“清淨智”之基本了。潮潤或“濕心靈”，則可謂已入乎“後天”了，牠不清淨，起了識感或情感上的擾亂或障蔽，於此文中皆喻之以“酒”，推之則爲“物欲”，養之則成“習氣”，於是本原之明覺全被掩覆，其歸極爲“死神”，可想而知了。在此義度下，赫那克萊妥斯乃說狄阿尼修斯與哈迭斯是同此一神。雖然，這以上是依文解義，即室利阿羅頻多也只說“乾心靈”大致相當於“清淨心”，他没有說恰合相當。這當然是論學時必有的謙辭，不肯說這是最後論斷。但我們覺得這解釋正是恰當了，因爲古、今、中、外有此理之同然。在學佛的人這自然易於了解，因爲佛學中"染"與"淨"慣常對舉,他有依"智"
與依"識"的抉擇。從來心體没有兩個,不論人
所學的是儒家或釋家或任何希臘的一哲學家之學。
因此在原則上諸家必有會通之理,因爲理體也是
一。(《玄理參同》一 95—98頁)

17 "數論"(Sankhya),音譯"僧佉",這是古
印度哲學,唐代已有譯述,見於《唯識述記》及《金
七十論》。數論標"神我"與"自性"并存。其
所謂二十五諦,即(一)自性,即"勝性",亦稱"冥
性",未生"大"等,但住自分,名爲"自性"。
若生"大"等,便名"勝性"。(二)大,"自性"
相增,故名爲"大"。(三)我持,亦譯"我慢","我
執",皆不確切。(四)五唯量,謂聲、觸、色、味、香。
(五)五大,謂地、水、火、風、空。(六)五知根,
謂眼、耳、鼻、舌、皮。(七)五作業根,謂語具、
手、足、大便處、小便處。(八)心平等根。(九)我
知者,即"神我"。此之謂二十五諦。其自性有"三
德",即"薩埵性"、"刺闍性"、"答摩性"。
此"三性"見於《薄伽梵歌》,略有解說。唯識
家及因明師等,對此攻擊不遺餘力,由於信仰之
不同。如實,"數論"本身不是完全美滿,但牠

不失爲一極有效用之實際哲學，爲用於精神修爲，而不可以因明方式陷，不可以文字語言執。"神我"或"自我"是長久修爲之後由内中證悟而得，牠根本超出那些"有思慮、無思慮，有作用、無作用，是我見境、非我見境"等問。那是愈問愈不得知，愈破愈不得當。公正態度是研究而存其說，以求其悟解。（《玄理參同》二 107—109 頁）

18 大抵多元論之有一性，皆指其總和。其原本原則爲多。我們通常忽略了這多元論的效果，即其啟發了現代西方物質文明，化學原素發明到八十九種，已爲明著。東方哲學雖有論"極微"者，終未嘗產出這種科學。（《玄理參同》二 106—107 頁）

19 韋檀多 Vedānta，這在梵文是兩字合成，一：Veda，即《韋陀》；二：anta，即"結末"、"終了"。合成一字之義爲"韋陀之末"或"韋陀之終"。指一大宗哲學，在古代師徒密相傳受，其典冊即諸《奧義書》。《奧義書》至今傳世者，有一百三十多種，或者尚有秘傳而未出者，則非印度教中人不得而知，即該教中人亦未必能徧知，山椒水涘所藏之秘，何所不有。然其大要及菁華皆見。就其主旨言之，韋檀多學可謂一元論，宇宙間祇一"大梵"，"大梵"亦即是"自我"。這在思路上，可分其"超上"、"宇宙"、"個人"三面。論宇宙本實若層級而分，則爲"真、智、樂、超心、心思、生命、物質"七原則。澈上澈下只有一事曰"知覺性"。名相之殊無數，修爲之道多途，要歸於"一"，此"一"或謂"至真"，或謂"精神"或謂"上帝"……即"此"，在華言，"此"即是"道"。然則其所謂"一性"或"一體性"，乃"真元之一"了。（《玄理參同》二 111—112 頁）

20 釋氏亦嘗言"一即一切，一切即一"，——"一切"，即所謂"全"或"大全"。這亦復是左右雙得之論。——若細究原本辭義，"一切"之解爲"大全"，似乎至唐時始有。漢代之所謂"一切"，義爲"普通"，或今言"一般"，暗涵"權且"、"目下"之義，古籍中這類例子不少概見，而古今辭義微變，是慣常現象。——但釋氏非如此中哲學之探討宇宙本源，作客觀對象研究。而且，誠如此文所言，倘若着重了變易而忽略了本體，必致落空，或者，入乎推測底"虛無論"。大概自人類始有哲學思考即有虛無論的萌芽，不但佛法中説，道家説，即古希臘哲學亦説及虚無，禪宗之説"一即一切，一切即一"，成了口頭語，除非於"本體"有所證悟，或於"一"有所實踐的人，此"一"總不免起空虚之感。但在釋氏這無妨其爲口頭禪，因其極歸另有所在。自來有説佛法之非哲學，亦於此可見。（《玄理參同》三 146—147 頁）

21 劫，原是"劫波"之省文，梵文 Kalpa 之音譯，是時間之長度，"天地始終，謂之一劫，劫盡壞時，火災將起……"，若火災而起世界壞滅，則上古似確有其事，不但印度、希臘，而且其他如埃及、猶太、巴比倫以及中美洲土人，皆有此類似之説。其事實發生於有人類以後，有歷史以前。其時宇宙必曾起過大變化，或有某天體接近了地球，因吸引力而使陸地分裂，海水上騰，地極變移，東西易位。由太空降下的氣體，由地層摩擦而沖出的熱力，由隕星墜石之發燒，……種種原因，使地球成了一大火聚，所謂"流金鑠石"尚屬輕淡底描寫，曾結果出浩大底毀滅。此種過於浩大底的宇宙變化，存留於人類的記憶裏，不知其幾何年，終於淪入下知覺裏，又不知其幾何年，到有史以後，發展爲宇宙毀滅或還於本源之神話。（《玄理參同》三 156 頁 159—160 頁）

22 Āvirbhāvaḥ—evolution，此通常譯"進化"，不誣。
然亦當譯爲"顯現"，佛典中嘗譯之爲"現前出
者"。Tirobhāvaḥ—involution，拙譯作"內轉"，
不誣。義即是"隱没"，佛典中譯爲"非現者"。
進化當然是"顯現"，與之相對爲"隱没"或"消
失"。但於此有一義當稍著重，即二者皆是一作用、
或程序。進化是一顯了作用，內轉是一隱没作用。
向前、向外有其程序，向後、向內亦有其程序。
此由外而推內，倘若不是原來有其內在者，經過
了一番內入作用，如何能有其外發和進化？雖物
質中亦有其知覺性，如其原子之相組織、相分離，
這必是知覺性之隱藏於其中或內入其中了。隱而不
顯，故不覺其作用，或甚至其存在。然而外發而顯，
所以成其進化了。在人類、在高尚心靈中，種種
德性咸在，皆待顯豁而出。這大概是一宇宙真理，
亦暗合乎我國儒家之性善之說。至若說（大梵）以
其德性之隱與顯而變化爲其所願是爲者，則是印
度哲學了。儒家說人性本善，則善爲內在，爲固有，
其說另以今言出之，即心靈之性，亦即神聖之性。
那麼是至善，其爲學亦以此爲極歸，所謂"在止於
至善"。然中國更有道家哲學，亦推闡其於有、無

之宇宙觀，在真元上正與此隱、顯之說相應。如人聲之顯爲語，隱爲默，此語、默對言。如作用之顯爲動，隱爲靜，則動、靜對舉。此外尚有陰陽、剛柔、消息（此‘息’爲‘繁息’、‘增大’、‘滋多’之謂。）等對言。此在道學爲常談，通之於‘顯了’、‘隱没’之說，固無不合。然道家亦不全以此爲等同之相對。王輔嗣於《易》之‘復’卦注云：“復者，反本之謂也。天地以本爲心者也。凡動息（此‘息’爲‘止息’或‘休息’義。）則靜，靜非對動者也。語息則默，默非對語者也。然則天地雖大，富有萬物，雷動風行，運化萬變，寂然至無，是其本矣。故動息地中，乃天地之心見也。若其以有爲心，則異類未獲具存矣。”這裏所云“異類”，即言“萬類”，或萬事萬物。——輔嗣之意，動不足以與靜對，語不足以與默對，猶如說吾人之所知，遠不足以對稱吾人之所未知，（佛陀亦有所說之法有如其手中所持之一片樹葉，所未說之法，則有如滿林的樹葉之喻。）正是道家思想之勝處。推之至大，則“萬有”之後必存一“至無”或“本無”。此“無”不是中無所有，而是涵藏了萬有。那麽，換個方式說，即又是萬事萬物有其“顯了”與“非顯了”，或“內化”與“外化”，或“內轉作用”與“進化”之分。“天地以本爲心”，未嘗不可換個方式說，謂"天地以心爲本者也"。此"心"即所謂"知覺性"。這麼，足以闡明《老子》之"天下萬物生於有，有生於無"說。解此"生於"爲"出自"可，解之爲"存在於"亦可。（如俗語所謂"生於憂患，死於安樂"，則義是"生活於"其中）這無論作何解說，皆可以契入此真實義，即"萬有"不能爲空無。（《玄理參同》四190—193頁）

23 自古至今，關於能力之爭衝，許多哲學家討論過了。我國《老子》說"反者，道之動"，正是深明此理。在遭受的反動上可以測量正動的力量，是尋常物理。但單說"正動"與"反動"，仍屬於綫或屬於面，又未免將問題過簡單化了。力量作用之形式無限，而力量之分殊亦無限，可說有存在即有力量，存在亦即是力量。至若"動態"只是極微末的一部分外表，於此我們在討論其緊張度，弛緩度，平衡或和諧。而宇宙之動之本身或力量之本身，遠超出乎人類所知與能知的範圍以外。這裏有同一譬喻，恰可見東西方古代哲人看事之不同，老子："天之道，其猶張弓歟"（赫氏說"生命的運動有似弓弦的退反"），張弓即暗許能力之緊張、對稱、平衡。然老子未嘗強調爭鬪一面，卻說"天之道，其猶張弓歟，高者抑之，下者舉之，有餘者損之，不足者補之”。他的意許仍在於一大和諧，要得到相當的平等境。這是超出純物理計度而得到的結論。若純就物理為說，則其說只合止於力量之平衡、對稱。然另有其“天道”在，超乎人道以上。（《玄理參同》四 193—194 頁）

24 “僧佉”即“數論”之起源，猶當略說。“數論”諸諦，散見於史詩，可見其起源甚古。非一人所製。羯比羅等必然是取已成之說，從而組合之，條理之，成了一相當明確的系統。至若其古到什麼時代，則幾乎可說這是上古始有文字以後之傳統，尚存結繩之餘習。因為未有文字以前，在文明開化史上必先有算數。由於這在人類生活上是必需。結繩以記事、記日月，其記錄必然簡單，主要仍是憑人的記憶。結繩之外，尚可用其他物質工具為助。如籌策。憑記憶有一數為系統，可謂為一心理工具，如諸《奧義書》中，也提到過“一是什麼、二是什麼”之類。這傳統一直存留到中古，如佛書之《百法明門論》、《百論》、《十二門論》、《千佛名經》……等等。以及佛之卅二相，八十種好等等。此一智用，似於文化古老諸民族比較發達，如古希臘人，古巴比倫人及古印度人爲然。如在北歐諸民族開化較晚則不然。在心理上這一智用一轉便成爲"分析"之智用了，成了科學之骨幹。（《玄理參同》四 201—202 頁）

25 真理超出名言，然可契悟證會，換言之，是擴充此凡人知覺性，透入"真理"界，則可了悟……尋常所謂"百尺竿頭，更進一步"，徑路絕而風雲通者，其關鍵亦在於此：個人的知覺性既已擴大、增高、加深，真近於彌綸了，則此能知者可變到與所知者合一。凡超出名言爲"不可說"、"不可說"者，轉而仍有可表明，從來精神哲學皆於是安立，因爲此際是"與天爲徒"。（《玄理參同》六 250—251 頁）

26 宇宙間物理之真是一，如水在東方是趨下，決不能在西洋是趨上。而宇宙間精神之真亦一，如東方人性之企慕向上，決不能是西洋之人性企慕向下。因宇宙真理之同一，所以有、或成爲至今世界一切活動之共同基礎。（《玄理參同》七 313 頁）

27 宇宙本體之悦樂一方面，這是古印度精神哲學中所强調的。悦樂，即"阿難陀"。自來東、西方不乏修爲之人體會到宇宙本真，感到了大悦樂，極歡極幸，覺得到了那一地步方不虛此一生，此輩人更仆難數，如於宋明儒者之“學是學此樂，樂是樂此學”（今言“修爲”），亦可見其一斑。但説此宇宙本原之“真”即是“樂”，這是印度獨創。這“悦樂”當然不是指層級而下或末端之生理界之快樂或滿足之爲倏忽變遷者。那麽，是一絶對者，非與“苦”爲對待之“樂”。如何以此而解釋人生之多苦或世界之充滿着痛苦，其説亦繁。要之不失其爲一槪絶大底真理。此只可求之於孔子之“仁”中，可謂二千五百餘年前，孔子已勘破之秘密。但未以此爲教。凡人所謂仁與義，是下推了一層，要上到體會宇宙萬事萬物皆寓乎一大“仁”，則“阿難陀”出現。至若以極樂而爲教，則如我們所熟知的，在釋氏有西方極樂世界淨土之宗。在釋氏是斷除一切人情欲想之後，乃修其往生，可説其流弊不大。中世紀歐西基督教之天堂，亦不乏“樂土”之誘引。印度至今仍有些宗派以此爲極歸，流弊常有。總之，下降到人間和物質世間或器世間，事事皆可僞化、變形、顛倒，如“愛”之化爲男女間互相佔有之慾情，即其一例。然亦無由便否定宇宙間原有此一至上原則。實際世間不乏“高於正義，優於和諧，真

過理智"之事。若靜心觀照，則許多這類事物皆日常現見，屬於此一所謂"至上秘密"。（《玄理參同》七 313—315 頁）

28 華夏自古爲"文教"之國，而印度及南洋一帶可稱爲"聲教"之區。我國之始造書契，畫八卦，視而可識，察而見意，是訴之於眼目，是"文"。"文"之較優勝處，便是可較廣大普及，知識亦較易傳之於後，換言之，是克服時間，由其記錄之存於空間。"聲教"則全賴口傳，倘不加以文字記錄，則易滅没，數傳之後，其學遂絶。非是説"聲教"絶不用"文"，而"文教"絶不用"聲"，區別在於其所着重者異，其所表徵以成其特色者異。推之，亦有其物質環境之異爲其相異之由。（《佛教密乘研究——攝真言義釋》序 《文集》卷四 194 頁）

29 細思古印度民族何以重"聲教"，從自然環境或社會生態學着眼，亦可推想出一點原由。印度自其地理位置觀，處於亞熱帶，真是得天獨厚。氣候常年温暖，動植物皆易繁榮。如今之南印度的農田，一年可三次種稻。土地稍曠開闊，即成叢莽，亦是從古如此。至今仍多有林居者，婆羅門老了

也有一林居期。居森林中的野蠻人，生活不甚安全，
要防野禽之掠，猛獸之襲，蟲蛇之侵。其間樹木蔽
虧，望不能遠，只能用耳，聽有何者襲來。若干代
若干世這麼生活下去，耳識以久用而精，遺傳之
官能增利，遂能發難發之音，聞難聞之聲。總之
得歸咎或歸功於氣候之過暖，不宜於稍多的體力勞
動。人民的時間精力自然趨於內轉，不勞體而勞心，
這也助成其發展了所謂"內學"。在熾烈的太陽光
中，人情總是喜好陰涼，在黑暗中幻想出許多鬼神，
虛構出許多龍、蛇的神話。因此發展了許多宗教。
甚至在其音樂中，也着重冷聲、悶鼓……諸如此類。
（《佛教密乘研究——攝真言義釋》序　《文集》卷四　195頁）

30 古印度亞利安民族，重"聲教"，直接從這傳
統源出，便是唸咒。中國是"文教"之國，不唸
咒而畫符，也是自古已然。分異仍在於一訴之耳識，
一訴之眼識。（《佛教密乘研究——攝真言義釋》序　《文集》
卷四 198頁）

31 大致有一通則可述，即所謂文化交流，是大者
吸收小者，如水之就下。水之就下，必然挾其所
過之地的水而下行，聚許多小流而爲大水。某一

系統推移，——文化從來不是靜定的——必然挾帶了各地本土文化元素，其間種種物理的參合變化，難可勝言，往往經過某些地域和一長段時間，其本來面目皆改變了。在這點上可見其過渡期與經歷處之重要。佛教一離印度本土而北傳，遂化爲大乘而密乘，本身漸漸變質了，遠爲在鹿野苑初轉法輪時之瞿曇始料所不及。而在其所傳播之區域，愈與其土俗信仰合，愈浸灌到社會的低層，其勢力亦愈增大，存留亦愈久遠。(《關於毗沙門天王等事》《文集》卷一 255 頁)

卷 七 三十二條

1 通常我們欽重西方學術的發展，多只知道現在的成果，而起羨慕，很少注及其產生此果之由來。若稍究其由來，則不但是各各的歷史，亦且其整個精神思想之背景宜加探討。（《希臘古典重溫》《異學雜著》1頁）

2 人類須是生活在現在而望着將來，但刻刻進步或說轉變，現在旋即成爲過去，三時一貫，了無間歇。羅馬人造揚魯斯神像，一面正對過去，向後；一面正向未來，向前。我們不正望過去，則無由確立現在，因爲將來不可知。不正望將來，則現在已成斷滅更無由立。凡我們對古代文化的研究，原則是表之於此一象徵。無論從東西方我們攝得其文化菁華，正有以供現代與將來的發展。（《希臘古典重溫》《異學雜著》4頁）

3 東方的眼光總是向內看，求之中國尚可內外交修，求之印度純爲内轉。希臘的眼光不專向内看亦向外看，無論看到萬物之本源爲水、爲火、爲原子，總歸有外向的智術的發展，造就了現代的文明。(《希臘古典重溫》《異學雜著》8頁)

4 在知識上，"同一知"是最上最勝，但這境界非凡夫可易到，那麼，不奢望"同一知"而期於"同情知"，不算太苛求了。嚴格分論，知與情爲兩物不誣，但到了某一境界情與知可以合一，然這境界還是太高，則作"推理知"，更沒有不可以的了。作學術研究，最忌知爲情所蔽，爲情所蔽則眼光不能正確而有偏，然雖爲推理，倘不寄以相當的同情，則仍難圓滿、周遍。最平凡爲"識感知"，最不可靠，又絕不可棄。總歸，處理古典，多宜設身處地參會一下事理，而寄與以相當的同情，方可比較明白。換言之，態度要平恕。(《希臘古典重溫》《異學雜著》8—9頁)

5 我們於古代極難得明確的正見正解，不但論希臘古典，即於一般古人，我們總以爲不及現代人高明，這是當然的。現代普通知識比古代進步，水準提高了，但以爲古人不比我們聰明，對於若干自然現象還未能解釋，對於精神事物充滿了迷信，則頗錯誤了。無論我們的物質技術（不必然是科學）於今多麼進步，人類踏上了月球，或如何可以建立太空站，我們的普通智慧并沒有甚異於古人，倘若精神事物的知識古人是未開化呢，則我們所知的也不較多。尤其是，現代文明的生活極少餘閑，古人生活餘閑較多，有機會靜觀、默想、參照、領會。以爲他們生活於一愚昧之大混沌裏，便錯誤了。（《希臘古典重温》　《異學雜著》10—11頁）

6 古希臘人自己，對他們傳統的神壇，也不免要回過頭去。宙斯是統治萬有的天主，爲了畏懼自己的統治權被推翻，便吞掉自己所生的嬰孩，而藏過了的嬰孩長大了呢，又向他的父親報復了；天神被踢下天界，因爲父親宙斯用金鎖鏈縛住他的母親時，他要去解放她……，這些事，在柏拉圖已大謂不然了，那中間的缺陷和弱點，使那麼一位哲人不得不另做精神尋求，倘若不能從傳統天神中得到滿足，又從何處尋求呢？反求諸己而已矣，——"認識你自己"，阿菲神壇的千古名言——如是，希臘的道德、宗教，已覺未能建立在古神壇上，然則開闢出一新神道觀在"人"身上了，要窮人與心靈與肉體之中所有所無，人之自由和幸福等等，於是，希臘的人文主義開始了。一轉而至於哲學，希臘文化便開出了異常美麗的花。這是至今在東西方所欽羨的，毋庸深說了。有一事大致可以說，即無論他們那一派哲學，最後總也歸到精神，沒有任何重要的一派不是有神論的。對於自然界作了許多推測，後世科學證明其或中或不中，但徒有物質而無精神，沒有任何學派作此假定。同時一貫多神信仰的主流仍在蔓衍，流到羅馬、小亞細亞、非洲，直到三位一體的基督教統治了西方。縱使如此，斷斷續續，許多信仰仍在民間流衍，廢不掉，禁不絕，而又不可究詰，成了中世紀的神秘主義。那中間當然不止有古希臘的淵源，也還有巴勒斯坦、非洲、北歐本土的傳授，但在基督教會的壓迫之下，從來不公開，有特殊人物出現了，便不免焚身之禍，要被放在柴堆上燒死了。其間仍不免有些秘密會社存在，一鱗半爪，偶爾出現有一些象徵。那支配社會動搖人心之力，在歷史上發生過多少影響，有待考據了，冰山在水面漂浮，海水下面那一部份便很少推測到。人類也許有一部分天性是好秘密的，密教的勢力從來比顯教大，倘這話不錯呢，或許那勢力不小。由學或思智所建立的人生觀或宇宙觀，哲智之士當然是比較可以滿意，至少在高尚倫理之域中爲然，而且，多少不明不白的事，何嘗不一概包之於宗教以內。我們說，既無理性，又無組織，一皆出乎尋常知識範圍以外，而又荒誕無稽，有什麼可供研究的價值。但困難問題是，許多（不是一切）荒誕無稽之事，超出了尋常知識範圍以外，我們便無從斷定其有組織，無組織，或別一組織，或有別一理性，或無理性，或超理性，除了我們用了另一知識工具。（《希臘古典重溫》《異學雜著》13—15 頁）

7 民族而無偉大的道德理想與實行，必早已在地球上滅亡，歷史上有過先例，決未嘗有任何文化遺留。（《希臘古典重溫》 《異學雜著》18 頁）

8 在學術上，多聞闕疑的態度異常重要。那些紀錄（希臘神話）中不是無理可尋，但不是一本據學理而衍成的書，許多我們不懂的，只好存而不論。即算爲我們所懂到，卻又有不應解釋、或不應那麼解釋的，因爲原本往往是一活生生的事物，或者一落入我輩的解釋便死了。倘若我們懂到，又明覺不至於將一概活真理弄死，那麼始可試行解釋。然重在得到明確的主觀。這裏所說的主觀，不是憑觀者爲主的主觀，而是以對象爲主的主觀。（《希臘古典重溫》《異學雜著》18—19頁）

9 絕對倫理價值只可得之於超上一界，但相對倫理之價值應求之於其所資，這所資以顯發宇宙間之至善者，仍是一無處不在的生命力。忽略了這，則如同槁木死灰，敗種焦芽不植。（於今世界的禍機處處潛伏，一發則可成生命上的大毀滅，凡有識者皆知。若關心世道人心的人，第一事似乎應略略從保育民族的生機上着眼。）（《希臘古典重溫》《異學雜著》21頁）

10 （希臘）古典中處處是弘揚活潑的生命力的表現，大力士是所崇拜的英雄，赫剌克勒斯（Hercules）做過十二大難事，皆要冒大危險，處之以機智，忍力，辛勤然後有成。其對於青年的教育是着眼於身心的停勻發展的，看來整個也是"不僭不賊"、"不驕不崩"的樣子，恰恰是對生命力正當的培養。（《希臘古典重溫》《異學雜著》22頁）

11 風信子是百合花的一種，這在希臘詩人的想象上編出了一故事，說從前一位美麗的王子，甚爲阿波羅，即美藝、醫藥、詩歌、音樂、辯才之神所愛，又爲切斐樂斯西風之神所愛，但那王子不愛此西風之神。於是阿波羅負責教育他。切斐樂斯當阿波羅教他擲鐵餅時，便將鐵餅一吹擊到少年頭上，少年便頭破而死。阿波羅甚悲哀，便將他的血，化爲這麼一種百合花，將他的身體安放在天上爲星宿之一。每年，斯巴達有三日之節，紀念這少年和阿波羅。第一日表示哀悼，男女少年髮上皆無裝飾，也不吃麵包，只吃糖果。第二日乃開始唱歌，吹笛，彈豎琴，有盛裝騎馬的遊行，作一些表演。第三日乃有盛大的比賽了，競技、驅車賽等等，其時市民竟往郊外看運動，街巷爲之一空。遍處是歡樂空氣彌漫，奴隸也受到自由客待，種種犧牲、供品，堆上了阿波羅的祭壇。——其始也哀而終也樂，古代許多節慶多如此。這節慶裏，只有對美少年的哀悼，沒有怎樣對他的責難，阿波羅也沒有其他表示，也沒有誰訴於宙斯要以過失殺人而定讞。說神話之荒怪這便是一例了。這中間有什麼倫理教義？這問題的重心在於青春生命力。哀悼青春生命力的摧折，欣羨青春生命力的柔美、鮮健，純潔、天真，哲人創制了這一神話和節慶，正是使人的熱情有所寄託，起一度大的激揚和淨化，其間之儀式節奏如音樂舞蹈等，處處皆是生命力之奔流，同時是其約束，由是而可趨於聖潔、崇高。常常經過這種洗練，導揚，整個民族生命可趨於向上一路了。在這種境界中，很可容易明白中國古代所謂"喜怒哀樂之未發，謂之中，發而皆中節，謂之和"的道理。其所得者也常是一中和。在希臘之數學上、音樂上，很早對於中和已有過研究。其發於人事者，正在這些地方，通常所謂文化之優美，也正在這些地方可見到了。（《希臘古典重温》《異學雜著》22—24頁）

12 親和，差可說爲生命力的震動之同調、或其旋律、或韻律、或格度之同符，以及相交換、或取與之均等，違拒則是與這相反。親和則有其快樂、發揚、創造。違拒則有其痛苦、壓迫、毀滅。這幾乎可說是生命力上之原始律則。（《希臘古典重温》《異學雜著》25頁）

13 這中間藏了一部未寫出的極大的人類歷史，它支配了大部分人與人間之關係，文字紀錄的歷史，比較起來，也許只算是它的殘篇斷簡了。這裏不是說徒是生命力便決定了歷史。因爲人不徒然是一有生命物而已，他還有較重要的思想，還有最重要的心靈。決定歷史有若干重要因素，這不過是一個因素罷了。通常男女間之相愛，這生命力之交互，也組成了一部分。這不是怎樣玄秘的事，然而人間之一切悲劇喜劇皆由之出演。——誠然，倘沒有生命力便不會有任何成就。然生命力過於奔放，在人生必然造出許多過失，於己於人之損傷在所不免。而神話傳說天神界亦已有多少荒謬醜怪之事了，通常人之不幸而爲惡或犯罪，尚不到那種程度，這對於其人便是一極大的精神治療。以神話之流傳而"無道"已視爲非非常，在天神界已有之，似乎已將其半神化了，則在後世基督教化中所視爲"跌倒了"的人，極容易重新立起，減少了内疚而恢復其精神上的健康，繼續其人生之正當奮鬥。姑舍希臘神話中深邃的涵義不論，至少在這一點上，已可見其原旨仍在於"善生"。天神已與人類同群，建立在一異常寬容博大的精神中，其道德已是"超道德"而仍是人間的道德。

（《希臘古典重温》 《異學雜著》26—27頁）

14 近代對希臘古典的認識，皆出自文藝復興已後。古希臘哲學當然是光華燦爛，爲人類智識努力的最高紀錄。但何以未能保世滋大，使其民族傳世永久

而保持其萬世無疆之庥，這是歷史上的絕大問題，或者可在其間尋出某些法戒了。（《玄理參同》一30頁）

15 "耶路沁尼亞"（Eleusinia）是古希臘每四年舉行一次的大慶節。或者遊行慶祝、群衆大會，原有在於人類天性中，是所謂"群"德。這"群"德在生物中原是集體底自衛，是保持種性的本能。在人類則已升華，所以打破生活的平凡，開拓新底活動原地。在動盪的社會如現代者，群衆運動多屬政治性格，在古代較安定的社會，成爲生活上的新刺激，主旨在乎精神追求，則多屬宗教性格了。這希臘的耶路沁尼亞節慶儀文，亦即mysteria，茲譯曰"神秘道"。原是敬祀雪勒斯（Ceres）——收穫之女神，和她的女兒頗羅色賓那（Proserpina），——司人類死亡的陰界的王后。——神話說凡人將斷氣時，不經她剪去一絡頭髮，終於是可以不死的。司理的是人生多麼重要的兩事。以現代社會學和心理學（以至精神分析學）的眼光觀之，這類神話以及宗教建置的價值無盡，其可探究者亦無盡。（《玄理參同》一30—31頁）

16 耶路沁尼亞的"神秘道"，是希臘一切節慶中最神聖的一個。一切神秘法術在民間流傳的，皆由此而起。這後來傳到羅馬，直到公元後四世紀，方爲帖阿多修斯大帝（Theodosius Magnus 335—395）所廢。大致自其最初設立起，每四年舉行一次，前後行了一千八百年。對這麼一個歷史事實，時代相隔如此其久，東西方距離如此遙遠，我們實在不好贊一辭。其間詳細情形，已不得而知了。即就此一簡括記載觀之，這不好說是怎樣不健康底舉動。牠充分代表了古代這一優秀民族的風俗人情，行之者不限於雅典而是全希臘，還傳入了羅馬，何況傳世近兩千年。但宇宙間的事，貴乎隨時進步，續續增新，無論甚麼健全組織，日久必然不能無敝，如佛法，初起多麼雄直，然其正法住世，亦不過五百年，像法住世，不過一千年，末流去原始形態已遠了。這一秘密道之久而不能無弊害，亦屬情理中事。何況宇宙間的事，一涉及神秘或秘密，便不能是至大至公。不是至大至公，可能無害，但亦可有害，其性質不定。若本身爲一秘密道而又如此廣被，則其秘密必不能長守，亦必不能無害，倘若原有所益，亦必不能無所損。少數個人可以保持某一崇高底理想，多數人則不能。多數人只可順從一時代的風氣或合爲一潮流，必不能冀其保持任何崇高底理想而不渝變。因爲，人性自古至今還未全般轉化，天生不盡爲君子而不免有若干小人。那麼這麼一大組織中必有藏垢納污之處，因其秘密，或爲公開的秘密，必附有臆揣謠傳，或真或僞。其中的人物，倘若盡爲純潔，由此秘密之故，亦必不能皎然皭然，何況未必盡皆如此。倘若精神權能實有可操，則有如武器，而操之者必不免於誤用或妄用，亦情理中事。大致古今中外的宗教組織盡皆如此。"白法"、"黑法"，原同是一"法"，用之不正當則爲"黑"，往往最初分辨在幾微之間，而結果的分殊則異常浩大。這文字所說，如赫那克萊妥斯，在當時已對此"秘密道"大加攻擊了。必然是已釀成了若干流弊，必待新有改革和智識上的啟明。（《玄理參同》一 36—38）

17 就史事觀之，似乎在古代不無流弊的，是狄阿尼西亞（Dionysia），紀念"酒神"（Bacchus）的節慶。這原是由埃及傳入希臘的。起初，這節慶儀式是頗簡單，其原則是歡樂，而其末流入狂歡。人民皆出而遊行，攜了一罐酒，上加以一枝葡萄藤爲裝飾。其次牽一羊，其次隨之以一筐無花果，最後爲 phalloi，表生殖的徵象。人民各各奇裝異服，求合乎"酒神"在神話上的傳說，或批鹿皮，或着細紵，或戴法冠，或以長春藤，無花果枝葉，葡萄藤，纏於杖頭或編成圓環戴在頭上。此外亦裝扮成神話中種種怪物，作種種醉態，戲態。此一歡樂節在希臘各地的名稱不同，也有三年舉行一次的，也有五年舉行一次的。後從圖斯干尼傳入羅馬，稱爲 Baccha nalia，流弊叢生。盛時曾有男女七千人參加，當然使羅馬城熱鬧一時，或許秩序被擾亂過甚了，終於爲元老院所廢。然廢了久後又復興，變到較爲莊嚴典重了。客觀，然就歷史眼光看，這是自古至今未有定論的一問題。古七賢之一的比達可斯（Pittacus 公元前 652—570 年）立法，凡酒醉而犯法的人，懲罰加倍。禁酒從來被視爲良法，但從有史以來，沒有任何處能澈底實行。出產葡萄以釀酒，關係農民的生活，而飲酒又成了生活上的需要，所以從來無法禁絕。熱帶人猶易將其蠲除，温帶的人、或寒帶必藉此保健。秋收勞苦後民衆藉此作一日之樂，在原則上無可非難。對於社會生活，不必須有壞影響。若在生活緊張、禮法森嚴的社會，民衆必然樂此。每年有一趟馳緩之時，反而保持了社會的精神健康，無形之中大有益處。但這可疵議的是荒於酒與色。群衆擾亂社會秩序，必釀成禍亂。

一大群衆的黑暗根性因此迸發，未足以爲趨向光
明的導揚。求其歡樂而不荒忘，不是容易的事。
酗酒者往往荒於色，皆足以喪生殞命。社會上的
一部分禍亂，多由此起。這在羅馬以禁止爲明智，
在歷史上也不免於後世的非難，因爲必有荒淫無
度之事發生，敗壞了風俗習慣。但其敬拜生殖象徵，
似乎不是弱點，自宇宙之創化立場觀之，據我國
哲學，整個世界是一陰陽之合。不但人類之男、女，
動物之牝、牡，甚至植物，也是雄蕊、雌蕊之合，
結果而存其種性，甚而至於礦物，也有陰電子、陽
電子之分。同性相拒雖未必然，而異性相吸亦爲通
則。必神而明之，取此一而爲二的宇宙原則爲敬拜
對象，由是而敬拜宇宙的創生者，則亦與吾國大
《易》的玄學真理初無二致，所敬拜者不是此表象
而是同此一真理。說者或以爲有鄙俗與文雅之分，
則不關係於原則而成爲形式問題了。它在各民族
的習尚不同，印度各地崇拜濕婆神的信徒不少，
幾千年中，其間文人學者何限，拜的是“天根”，
傳說是濕婆神的生殖器，其於民情風俗，可謂絕
無不良影響。精神方面的事往往只能由個人體會，
牠難於成爲共通底真理而爲大衆所許。或能下正當
批判的，從來只有極少數的人。但揣想歷史上最初

創立此種敬拜及其儀法的人，似乎不是無其明智，反之，卻可能寓有深奧底道理，以此而裨益人群。淺易觀之，這似可使族類滋大、蕃衍；但另一方面，是否救治了社會的疾病，有益於群衆的或個人的精神健康，即間接爲善生之一法，還大有可研究的餘地。我們很難信它是人類野蠻風俗的遺留，因爲不但希臘，即其發源的埃及，很古就已甚文明了。雖然，既皆是欲情的事，無論酒與色，而又公開，且加以敬拜，這頗難於通過我們的理智，則不得不視之爲神秘道了。我們不能不承認享樂的追求，是一巨大力量。或者利用了這力量，成就了甚麼精神上的結果，如所謂“解脱”，以及其他，然非道外之人所知，這便是所謂狄阿尼西亞的神秘主義了。古希臘亦曾產生過一絕大底“虛無論”，比佛法之言“空”，尤爲激烈，那是不是這神秘主義的副產品呢？享樂主義之與虛無主義，在邏輯上有其對反之相形，雖不必互爲因果，在心理上有其密切關係。論宇宙之本實，據印度哲學，亦爲“真”、爲“智”、爲“樂”，只是從入之門徑不同。大致可説那從入之途是超凡的，而這從入之途是人間的，甚至是欲情的；是否達到同一目標，仍屬疑問，但其動機皆是解除人生之悲苦。我們卻又不可視此一神秘道爲全無理智。很明顯的，"酒神"便有兩個表相，一爲美少年，表飲酒之歡樂，一爲醜老年，表飲酒之能使人身體衰老，精神虛弱。然則又有教示存於其間，是儆醒人不當縱酒或沉醉。平心論之，欲情亦不是罪惡。此理至明，無欲情絕不成其爲人類，而放縱情欲適足以戕生，這亦是常識。或者卸除其享樂與神秘的外裝，這一狄阿尼西亞道原本是很明智的或理性的，亦說不定。由於傳世久遠，初旨寖失，附加了若干黑暗成份，這類例子，在中外教派的歷史上，亦屬常見的。（《玄理參同》一 39—46）

18 阿頗羅之敬拜，全無神祕。神話是優美的，說他是詩歌之神，常在帕納索斯（Parnassus）山頂上，與九位文藝女神（muses）出現，——但我們稍深思文藝之創作，在其極詣，亦憑靈感，在作者亦不自知其所以然而然，只合說是自上而降，如一長篇中或者所謂神來之筆，或寥寥數語，便光氣四射，千古不磨。這不能說是一偶然，而實可假定是上一界的光明下降。至今寫藝術論的不少，美的探求不算不深，但對這現象，依然不能解釋，只好說爲靈感。那麼，靈感出乎或依乎神明，依然是

神祕境域了。但這其間人們不使用什麼祕密法術，
是一光明之道，可謂太陽的祕密，不是黑夜的祕密。
而且，倘若後世的學術進步，可以希望其增上啟明，
不成其爲神祕了。（《玄理參同》一　48—49頁）

19 尼采，詩人、哲學家，是以文章自信的。他明
通好幾種語文。生平對德國的一切，幾乎皆不滿意，
多貶詞，獨於其語文，特加認可。嘗以謂路德（Martin
Luther）與歌德（Goethe）而外，在文字方面還有
第三條路是他所履行的，便是他之撰這部《語錄》
（《蘇魯支語錄》）的文章。近代德文，即所謂"新
高地德語"者，最先是由路德從拉丁文翻譯基督
教《聖經》奠定了基礎。（其實也得力於其助手彌朗
希通（Melanchton）。成就了所謂"九月《聖經》"者，是
一五二二年九月刊行的。）其次當然是歌德的《浮士德》
（Faust）。歌德也還有幾部名著，但這書和《聖經》
幾乎無人不讀。從十七、八世紀至今，若干作者，
如詩人、小說家、戲劇家，以至哲學家，其創作皆
助建、增豐、深化、美化、大化了德國語文。而
尼采自信他這部著作，當與前二者媲美，有德文之
陽剛性、靈活性，與和諧之聲，自許其作風有"對稱"
之妙巧。——所謂"對稱"者，略同於華文之駢儷，

多是一橛一橛詞義之平行，或對反，不必定是字句之對偶。成雙配對，亦修辭學上之一法，工整則可愛；但在思想上則叔本華爾（Schopenhauer）嘗以此攻擊康德（Kant）之匯分，說他正誤在愛好"對稱"上。那是從批判哲學而言，與詩著（Dichtung）不同。——尼采又自誇此作有如舞蹈。說他寫作時，有時每一母音皆是經過謹慎選擇的。舞蹈，當然是生動活潑，有旋律之美，然亦是經過嚴格的訓練而能。總之，尼采之意，是這部《語錄》，當與《聖經》與《浮士德》鼎足而三。後下有批評家（如Grützmacher），是推許其甚且超過了前二者。客觀說，這誠可學（底本如此，"學"或爲"謂"字之訛。）德國文學中一大柱石，奠定了弘深底德國文壇。（《蘇魯支語錄》綴言3—4頁）

20 尼采在西方早被認爲"詩人 - 哲學家"（Dichter-Philosoph）。通常哲學家可以無詩，詩人可以無哲學，然亦可以相互有。柏拉圖（Plato）在歷史上早被目爲"詩人 - 哲學家"，然柏拉圖是反對"詩人"的。尼采對"詩人"也大加嘲笑，則是一種自嘲。同時代的赫德苓（Hölderin），卻有其獨特見解："詩，是哲學的始與終"。而且，"終

竟一切皆將成爲信仰”。則詩人的想象亦爲知識之路。（《蘇魯支語錄》綴言8—9頁）

21 尼采因病，三十五歲就離開大學教職退休，在某一方面說這是不幸，然正亦因此成就了一位古“哲人”的標格，隱約與古希臘之“哲人”相同，以自由發表其原始理念，成一家之學，則亦是大幸。正如叔本華爾在大學中很少學生聽課，然退處之後乃成一家之言。哲人、與哲學家、與哲學教授，其間是頗有分別的。分辨處亦頗微細，總之是是否能自由自主的問題，不完全在於講學與不講學。
（《蘇魯支語錄》綴言9頁）

22 叔本華爾是著名的悲觀論者。尼采是讀過他的《世界之爲意志與想象》一大著而表欽重的。也許還受到他的《婦人論》的影響。韋興格説，尼采的“基本原理，是叔本華爾派哲學，受了達爾文（Darwin）主義的薰染，轉到了正面或積極方面”。此派亦有其鉅子，如封·哈德曼（Von Hartmann）之流。但尼采的妹妹已反對此受達爾文主義的影響之説。尼采之積極肯定人生，是明確的。教人忠實對待我們生活其上的這土地。在我們中文常語，是入世、或持世、或保世，不要妄想彼土或虛無縹緲底天國。其常說對遠方或彼土之企慕，在此譯本中譯曰"遙情"，那遠方或彼土仍是在此世間，沒有由心造出另一界。因此反對悲觀與厭世離欲等等出世道的主張。痛苦，人自然希望其立刻過去，消滅；快樂，則希望其常存，所以擬喻其情人為"永久"。那麼，這樂觀論只是對悲觀的反動了。這似乎非常簡單。然我們試觀印度哲學，幾乎無一不是帶悲觀論的色彩的（印度哲學大師達斯鞠多（Das Gupta）說）。而中國亦早已染上了佛教的人生觀，趨於出世或厭世道亦平民中時有者。則其所反對者的勢力異常浩大，非獨西方基督教的力量而已。可謂簡單，然很重要。

（《蘇魯支語錄》綴言 10 頁）

23 自來人類的奮鬥，可概括曰：求進步。無論是在平面、或向上。倘在上已有一正極圓滿底存在，更無可增上了，則可謂已定立已實現的目標，則亦無須向之追求了。"還有何可創造，設若已有了天神"，然則人類的極限已止於此。這正是古希臘思想。由此，尼采結論到：如此便不應當有上帝，因此也沒有。但古希臘人結論到，人生的奮鬥，求幸福與圓滿與進步有其限際，而這限際

是不可踰越的。希臘哲人反對多神教，已開無神
論的先河，而從一神教到無神論，也是順流歸海。
其間民俗的信仰與哲人之高見，自是不同。（《蘇
魯支語錄》綴言 11 頁）

24 尼采思想，出自一個精神淵源，高出普通智識水
平一頭地。——這"精神"姑可謂雙攝其理智與情
感。——然也不算高極，決不是如其自己所云：怎
樣一足離開了地球，在"人類和時代以外六千尺"。
凡其創作，無論是詩歌或大部論著，皆出自此淵源，
皆是傾於感興的，即他自己所謂"靈感"（他自己於
"靈感"亦有明確的分析）。其所傾吐，皆不是方案底，
不是教科書似的，像其他某些哲學家專憑思智，慘
淡經營，嚴密組織，以成鉅制，如康德。皆是源泉
混混，流注出之，所謂"混成"。在此一淵源中，
有若干質素，皆其學之所積，原不過如同某化合物，
在自體本無矛盾，及至寫成之後，再加以思想分析，
便仿佛有些自相矛盾處了。當然不是完全未曾組織
經營，但在其知覺性中這工作已經完成於其發表之
先，由"後天"之顯已成於其"先天"之隱，由"歸
納"之隱以發爲"演繹"之顯，是他的全部創作過程。
而我們所見到的，只是其演繹之"顯"而已。而這，

淑之以奇特、豐富、美麗的文辭，使人感覺其光熠萬丈，其實亦不過高出普通思想家一頭地而已。（《蘇魯支語錄》綴言 12—13）

25 凡人皆有其自我的意志，知覺或不知覺皆是向上求其"生命"之圓成。即完成其有"生"之使"命"。在群衆中知覺或不知不覺成爲模範，英雄，這是個人主義，不是自私自利。（《蘇魯支語錄》綴言 15 頁）

26（尼采）反對唯智論，提倡發揮本能，即所謂"良能"。這近於盧梭（Rousseau）之回返自然之說。立意在恢復或充實人之生命力。自來人類的行爲不是純憑理智的，而本能中正自有非思智所及之理存。這是一純哲學問題，大有可研討者在。（《蘇魯支語錄》綴言 17 頁）

27 大致有史以後，人類還只能說是有了"進步"而已，因爲有了各種文明，然不能與史前期的若干萬年的"進化"相擬。若說到大自然的目標，這裏便是精神哲學的一重要轉捩點，歸到信仰了。信必有"内入作用"（involution），然後有進化發展（evolution）。信仰有太上者存在，則前進只是轉還，進化終極是要與太上合契。這便是今之所謂瑜伽哲學，她超出宗教以上了。譬喻是一條蛇，身體旋轉，口可以唧接尾巴。剋實說，人之本質或本體，在有史以後，未嘗進化到何種程度。（《蘇魯支語錄》綴言 19 頁）

28 如今頭在天上而腳在泥土裏的教主、教士及精神領袖之流，遍處皆是。皆是教人"行我所說的，莫學我所行的"。由其所說的看去，尼采幾乎是一綠林大盜，然考其生平行事，立身處世，待人接物，皆極爲溫和、有禮，替他人設想，竟近乎純利他主義者了。（《蘇魯支語錄》綴言 20 頁）

29 若以學說之效果而訂其價值，則此說（尼采之"永遠回還論"）之價值甚大了。生生不息之現相，足以表生命之動性，之恆常，之永久。這是對人生之一大肯定，學說以"生"爲中心，則"死"不過生之一態。——某些宗教以"死"爲中心，即尼采所斥爲"死的說教者"，則以"生"爲不幸，爲"死"之一態，"絕對底死"或"涅槃"乃爲永久。——所謂勇猛將"死"也擊殺了，便是此意。這導致人生之樂觀，否定着悲觀論。"死"則諸動皆已，無有去來，説不上回還，何況永久。這永久常回，更增加了人的勇氣，以克服人生之困苦，一往趨於樂生，這也給英雄主義作了理論上的一大支柱。（《蘇魯支語録》綴言 24—25 頁）

30 取此"回還説"以爲倫理方面的行爲問題之準繩，亦有其效果。康德講實用理性，論道德原則爲"普遍化"，必人人可爲。如偷盜行爲，是不可"普遍化"的事。如"普遍化"而人人爲之，社會必至解體。在尼采則提出"重復化"之説，其作用亦同。問題：你願意你這樣的生活重復以至於無數遍麽？若已知自己的生活不正當，或知覺自己的錯誤，過失，則答復必然是不願意。必然會覺到一誤不可再誤。亦如偷盜，是不可"重復化"之事。在個人時復可爲，在大衆亦必人人可作。取兩説并觀，康德之説爲橫，屬平面，屬大衆。尼采此説爲縱，屬直綫，屬個人。高度的倒轉則爲深度，直綫之乘方則爲面積。立説不同，而歸趨一致。（《蘇魯支語録》綴言 26 頁）

31 （尼采哲學）在這世紀初爲魯迅所推崇者，正因其爲"反動派"，魯迅生當大革命時代之前端，其時可反對而當推倒者太多了。如主子道德、奴隸道德之説，所見相同，乃甚契合。《魯迅與尼采》，這是可著成一大本書的題目，將來希望有人從事於此。——究竟説來，尼采的文化哲學，未嘗深透入民生根本之經濟基層；觀察到了一頹敗建築的上層破闕，而未涉及此建築之已傾或將傾的基礎；而且，著眼多在個人，小視了群衆；見到了階級劃分，忽略了勞動生産；見到的暴君專制是在政治方面，未見及大資本家之壓迫在經濟方面甚於暴君；見到了大規模陣地戰，未見及小規模遊擊戰。見到了鋼刀利劍之殺人，未見及如魯迅所云"軟刀子殺人不覺死"。深透西方社會，欠了解東方文明。所以在東方的影響，遠不若唯物論之落實。甚者，其思想時常披了詩化的外衣，在理解上又隔了一層，雖其效果比較悠遠，然遠不如質直宣傳之普及大衆。所以在推翻舊時代事物而創造一新時代，在東方以後者較容易成功。（《蘇魯支語錄》緻言 28—29 頁）

32 自來日耳曼民族有一特殊性格，可説是浪漫精神，在北歐濃密幽邃的森林裏，有一金色頭髮、碧玉眼睛、生龍活虎似的孩子，在鼓鑪動鞴，錘錘打打，要鍛成一柄純鋼的劍，他準備用以征服世界，便是這精神的象徵。這精神在文學和藝術以及哲學方面有過大成就，不必説。磅礴飛揚的生命力，不滿現實，喜好新奇，成作進步或進化之一大迫促。其特點之一便是"企慕"。直上，對"超上者"的企慕，在宗教方面成就了神秘一派，是直對上帝的尋求，超出了教會及經典而外。平面，在浮世，則是企慕遠方，神往於世界的他方國土，他方國土爲其所未知然非不可知。劍，象徵他的知識和學術，如常語所謂"慧劍"。征服世界是夢想，在野蠻時代，便是劫奪和虜獲；在文明時代，便是吸收和同化。

（《談書》 《異學雜著》169—170頁）

卷 八　二十六條

1 暇嘗思之，詩，華、梵誠有間矣。以言乎興、觀、群、怨，倡和流連，鳥獸草木，文辭豐富，而一皆出乎性情真際，善美淵源，所謂靈感者，此東、西方之所同也。然華夏之詩，頗有異於他國者。古者詩言志，歌詠言。無情不足以言志，非事不足以達志。志者，心之所之，即靈之所感而理之所具也。蓋緣情即事，因事托志，明以意象，表以文辭，淑以音韻，節以格律，永以風神，而詩作焉。故志欲其遠大，情貴乎深純，意象務期明炳，文詞重於雅贍，音韻取其和諧，格律宜乎精嚴，風神必求生動也。夫《關雎》、《麟趾》，王者之化；《鵲巢》、《騶虞》，召公之化。傳世數千年，迄今華夏三尺童子皆能誦之。蓋發於情，止於禮義，樂而不淫，哀而不傷，將百世無由廢者也，有德教存焉，是不得謂爲抒情詩。至若美武公而瞻淇奧，思郇伯則念周京，命南仲於朔方，從君子於曲沃，喑衛侯於漕邑，送舅氏至渭陽，秦殲其良則《黃鳥》哀，鄭棄其師則《清人》作，若此之流，皆詩之史者，亦不得謂爲史詩。他若《小弁》刺父子之恩闕，《谷風》怨朋友之道乖，《角弓》傷骨肉之親離，《白駒》歎君子之路塞，或賦或比，又不得謂爲敘事詩。子曰:誦詩三百，授之以政，不達，使於四方，不能專對，雖多奚爲？春秋卿大夫聘國，往往歌詩，升高能賦，於以見志，故《桑扈》重彼交匪敖，《草蟲》知上不忘降，王鮒從《小旻》之卒章，宣子謝《甘棠》之嘉譽。凡左氏稱"詩"者百五十餘處，皆婉而多諷，信而有徵，若《韓詩外傳》尚無論焉。蓋禮以之立，樂以之和，德以之昭，義以之著，辭以之修，文以之明，固其溫柔敦厚，廣大彌綸，蔚爲詩教，六藝稱首，此求諸異國詩壇無當者也。至若荃蕙托喻君子，蕭艾比譬小人，同小雅之怨悱，兼國風之好色，楚《騷》之作，靈感輝動，又非域外文學可得而擬也。古詩十九，橘柚華實，人代冥滅，清音獨遠，要皆寄託遙深，詞旨樸茂，發芳馨於忠厚，寓惻怛於溫柔，非獨抒燕婉之求，寫男女之慕而已。過此以往，宜莫若賦，賦者，古詩之流也。而《洛神》乃指魏帝都洛，《高唐》以諷襄王結齊。徵士曠達，《閒情》瑰逸，昭明嘗議其白璧微瑕，其大較固彰然矣。《玉台新詠》，下逮"香奩"，皆以高華清勁爲宗，不以纖巧艷麗爲則，莫不言在此而意在彼，跡似近而神已退。時或清新一句，嗟詠不窮，簡寥數行，光射六合。神來之筆，靈感之音，信非人力，殆由天授。倘緣情綺靡而無以見志，則徘徊光景殊不足多；若觸物興懷而哀樂失中，縱流播當時亦不能久。理之所寓，情之所鍾，善之甚，美之甚，獨寐寤歌，發風動氣，幾兆之微，推轉之跡，與民族盛衰、國家興廢息息相關，求之於歷代詩人，斯義莫能外矣。非然者，徒事於脂粉簪裾，風花雪月，無以拓心胸於高明光大之域，無以脫俗世於凡庸蕪穢之封，馴至於導欲增悲，玩物喪志，則雖矯爲抒情詩也，其可存者幾何？（《行雲使者》譯者序　《文集》卷四 29—30 頁）

2 自來論詩或撰詩話者，多就詩意及詩人本身言之，撰“紀事”或“本事”者亦然，罕有言及“時代精神”者。實則天籟、人工、才情、學力，皆繫乎此，即詩人爲其所支配，有不自知其然而然者。精神無形，可見者源流正變、興革盛衰之跡，則詩史也。詩話最通俗者爲清袁隨園，觀其甄錄小家，推敲字句，其細已甚，有時且進入魔道，遠不若紀河間之談有明一代詩之高下起伏，爲能立乎其大。“時潮”今古同有，貫通上下數千年，有此一部大著作，破出尋常文學史範圍者，正待今後之有氣力人爲之。
（《蓬屋說詩》《詩存》189 頁）

3 近年詩壇，佳唱恆出於不以詩人或文人自名者。
僅於報紙、雜誌偶一遇之，不數數見。爲之者，
多革命豪傑，平生所歷，戎馬關山，與昔之牖下
書生，所撰自異，往往豪壯之氣多，幽怨之情寡，
雖時有聲韻不叶者，而真氣逼人，驚心動魄。吾
人寧讀此種，就其未工之處細細思之，有如校對
訛文，亦是一適，以爲遠勝於舊之濫調，四平八穩，
起承轉合，不見性情，了無生氣者也。就目前趨
勢測之，此種漸經洗煉，必多可傳之作。（《蓬屋說詩》
《詩存》189—190 頁）

4 （散原）《書感》詩：八駿西遊問劫灰，關河中
斷有餘哀。更聞謝敵誅晁錯，儘覺求賢始郭隗。補
衰經綸留草昧，干霄芽蘖滿蒿萊。飄零舊日巢堂燕，
猶盼花時啄蕊回。第一句指八國聯軍入京後慈禧
挈光緒帝奔西安（1900 年 6 月）。晁錯指許景澄，郭
隗指康有爲。"補衰經綸"句，指湘政維新開始
旋輟，"干霄芽蘖"指義和團。"巢堂燕"指李鴻章，
盼其議和約時猶能挽回國家權利也。——此說余

昔聞之某前輩先生，此詩之原義如此。故甚盼有明通掌故之學者，今後稍説明此種“本事”。（《蓬屋説詩》五 《詩存》192—193頁）

5 詩以道志，志亦出乎性情。近體詩中易見。即尋常生活中之體驗，可以入詩，而其性情之厚薄，對善讀者無遁形。往往一、二語，其真姿躍然紙上，即由誦其詩可知其人。——“橫眉冷對千夫指，俯首甘爲孺子牛”，此魯迅句也，森嚴嶽立，對世俗之譏訶皆不顧，獨親天真之孺子，仁愛宛然。“帳裏檄傳雲外信，心頭光映案前燈”，此胡喬木句也。虛實相生，動靜相合，遠近相參，表炯炯心光朗然。“未開梅在盆中活，已敝裘施緶外緣”，此黃晦聞句也。寒冬景物，盆花未開，然活機在此。裘久衣則破在邊緣，再補一條或綢或布之邊，則整齊又可耐久。於寫人情物理透入深微，此詩之高境也。此等儷句，若讀者掩其上句或下句，而代思其對，必不能及。非此人不能出此語，故詩不容僞。（《蓬屋説詩》四〇 《詩存》221—222頁）

6 詩雖貴緣情綺靡，詩人亦不可不多識前言往行，即輔之以學。輔之以學，多讀書，亦所以矯正性情，

非徒避免空套也。（昔聞前輩論詩，有一習慣貶語曰"宋
殻子"，即學宋人而僅存其空套）然用典故太多，餖飣
雜湊，則如同類書，亦不成詩，至佳只能成爲學
人之詩，不見真性情，不能感人。——此中進退，
有不可言傳者，如《莊子》斲輪喻。（《蓬屋説詩》
四四 《詩存》224—225頁）

7 初學爲詩，"得體"爲難。此非古體、今體之謂，
即常語"事有事體"之"體"。舉凡述志、言情、
詠物、懷古、慶弔、遊覽、題跋、投贈……各各事體，
即各有合宜之辭義，即各有合宜之篇章。青年不
作老耄語，僧道不作香艷語，寒微不作富貴語，
英雄不作閨彥語……如此之類。譬如人之冠服，
長短合宜，氣候相應，顔色相稱，格度大方，通
常不侈不俗，便自可觀。是謂得體。不必故意求美。
美與善，孔子已辨之於古。詩要好，不必美，如書、
如畫皆然。（《蓬屋説詩》五〇 《詩存》229頁）

8 自來大史筆皆同時是大文章家，因爲文與史親
切相依。擴大言之，盈空間者皆文，歷時間者皆史。
而史事依文章家以傳。如説文之屬往古者皆爲古
文，則經、史皆包括在内。縱使説"六經皆史"，

史包括不下全部文學，古文中仍有義理之文，與純文學之詞賦、詩歌等。——然所謂"史德"，亦即是"文德"。於史家、文家，以至凡人皆爲共通。必明覺自己下筆之重輕，文字寫下了對讀者有何影響，如彰善癉惡等，是頗爲重大的事，其幽微處只有秉筆者自知，當内省不疚，覺得如此寫下非是"闕德"。所謂"史才"，亦即是"文才"，然"才"有大小。司馬遷、班固、范曄皆良史之才，亦皆大文章家，遠至左丘明，更是獨絶千古的大手筆。可說"才"依乎其人與其人之時代。大本出自天生，亦復出自學養，即其"史學"造詣。然終不能不受其時代影響。如說其人反對當世，亦仍是受到影響乃起反對。至若"史識"，則非一般文章家所通具。這可說是對"真理"之視見，亦可養成。這頗要讀萬卷書，又諳練人情物理，深研古今治亂盛衰興亡之跡，然後對事物能有正確見地，對時代能有正確批評，對將來能有正確預料，所謂深於"史學"。甚至萬卷書之研讀猶在其次，於人事之閲歷、經驗，則絶不可無。如石勒聽人讀《史記》至高祖正要鑄印封六國後，還没有聽到下文，便說"此法當敗"。正是有"識"。石勒是一不識字的人，未嘗讀萬卷書，然則可說

此"識"是凡傑出人士所必有。（《澄廬文譏》《異學雜著》48—49頁）

9"書不盡言，言不盡意"——這是孔子所説過的話。凡人的意思，不是皆能用語言表述。宇宙間至上的真理，已超出名言以外，往往可以意會，不可以言傳。若干精神人物靜觀默想的結果，一至最高的境界，便説不出。若勉强加以表述，便走了樣，所説的自加省察，又全不是那回事了。禪宗之不立語言文字，也是不得已而然。（禪宗不是虛僞，其中大有真理，雖尋常包含若干虛僞，然已得未得，已證未證，其間了了分明）總歸是言語所不及的境界。其次，就尋常人事以觀，倫常之際，如男女關係，屋漏衾影之間，正有多少纏綿悱惻之情，非語言所表（此説出王船山）。甚至朋友之相契，"相視而笑，莫逆於心"，用不着語言，亦非語言所表。——非是到孔子時代語文尚未發達，不能盡表理意或情意。而是語文本身自有其界限，乃説"言不盡意"。言、意之辨，在魏晉間已討論過了。大致間接是由佛法入中國因翻譯西語而引起的，有了外國語文相頡頏，中國的語文的長短因而顯明，由此研究或"清談"的題目也落到了這事。總歸

“言不盡意”是説出了一真實，是主題亦是結論。今古同然，無可詰難。在西文亦皆如此。若論“書不盡言”，這亦是一真實。——古人爲書，是用漆、用竹、用帛，非如現代之用紙、用筆、用墨，其事頗爲煩重。孔子時代小篆尚未興起，所寫的是“古文”，更爲複雜，遠不可與現代之正楷或行草相比了。如有事當記下，是必需，則只合以極高妙的手法，以極少的文字寫出最多的事，“於是乎書”了。倘若某事極爲重大，也是揀其最重要者寫下，一部分只合略去。這便成其爲文，或成其爲書。因此所書的範圍必有限制。孔子修《春秋》，以一萬八千言敍述二百四十二年之事，自有其所以如此之某些理由，而此物質上的限制，是一不可忽略的原因。（《澄廬文議》《異學雜著》51—53頁）

10 比較觀之，中國的古書，實不算難讀。這正是中國文字的長處，其千古不磨，或者正因爲其主體在“形”，音變多而形變少，這只觀於近代英、法、德語的歷史便可知道，如“古日耳曼”竟幾乎完全是另外一回事。而又一一各有其方言，與漢語同。論定型之保存，則情勢更爲複雜。誰也不能預料五百年後，現代的英、法、德語會是什麼情形。在文化事業上，我們亦貴乎"知己知彼"。
自己的弱點應當看清楚，自己的長處亦不可忽略。
（《澄廬文議》 《異學雜著》85—86頁）

11 一時代的人物囂張，下陵上替，而有言責與知言
者反而保持緘默，唯恐有益於世，也是常見的情形。
有言者不必有德，而有德者必有言。當言而默，仍
是缺德，祁奚已告老，可以不管事，然仍乘駟而救
叔向，（《左·襄二十一年傳》）而叔向果然能强晉，
不負救護他的人。叔向也是聞釐明一言而善而識其
有德。（《左·昭二十八年傳》）晉王導當言而保持緘默，
使周顗被殺，（見《晉書·周顗傳》）後悔無及。——
這皆是歷史上著名故事。從社會觀點看，人生豈可
毫無表現？一往提倡沉默，亦屬矯枉過正。凡人實
不能昏昏悶悶，幽幽而亡。倘必有語言文字上的表現，
貴在明白自己之所當言的機會。"時然後言"，"時"
是機會，宅心至誠，應乎事理，顧及後果，恰合機宜，
如是而或默或語，皆可以無悔。——於此，道家思
想和儒家思想，終有態度上的不同。儒家比較中和，
道家過於偏激。或者現代仍可用道家的主張，矯枉
竟無妨過正。 （《澄廬文議》 《異學雜著》96—97頁）

12 現代世界是充滿了廢話，徒然勸人少講話，又要講許多話，亦復無益。理想是回遵此一古訓，曰："修辭立其誠"。求進步是在這裏，功夫是自內中做起。及至"和順積中"，然後"英華外發"，"時然後言，人不厭其言"。凡說話簡單明了，條理井然，亦不妨文采翩翩，必其言之有物，——不誠無物——，而且言之有文，然後語文容易合一。若使一時代人士，即現代諸人的佳子弟，皆養成到那種地步，一個個"文質彬彬"，實是可憧憬的事。

（《澄廬文議》　《異學雜著》99頁）

13 不主張"讀經"，這是五四運動時代以後的一反動潮流。主張大抵是"復古"，青年亦當首先"讀經"。加之以外來的基督教的激蕩，青年如不給以"四書"、"五經"讀，便不會知道顏、曾、思、孟，而只知道馬太、路加。因為所讀的只有《新約》、《舊約》，皆是西洋的聖經。亦因其時小學教本不甚完善，有"兔子弟弟"、"月亮姊姊"……之類的新稱呼。許多只讀了舊書的人大不謂然。於是時代主潮一反而趨於"復古"、"讀經"。——古之不可復，盡人皆知了。恢復舊日的讀經法，是荒謬事。雖然，一民族的生命實寄託在古今之偉大人格上。假若現

代高中畢業生而不知孔夫子，大學的中文學系中，
不研究孔、孟之文，哲學系中不討論孔、孟思想，
歷史系中不探討古禮或文化史，則爲知識上的缺
陷了。（《澄廬文議》《異學雜著》108 頁）

14 自來言古文者，必推韓昌黎與柳子厚。韓主張"師
古聖賢人"（見《答劉正夫書》）。柳自敘其所本，
有云：本之"書"以求其質，本之"詩"以求其恆，
本之"禮"以求其宜，本之"春秋"以求其斷，
本之"易"以求其動，此吾所以取道之原也。參
之"穀梁氏"以厲其氣，參之"孟、荀"以暢其支，
參之"莊、老"以肆其端，參之"國語"以博其趣，
參之"離騷"以致其幽，參之"太史公"以著其潔，
此吾所以旁推交通，而以爲之文也。（見《答韋中立
書》）此文若諷頌於近代章氏門中，尚當增加一語曰：
"參之《爾雅》以訂其辭"。或者"參之《說文》
以正其字"。清代咸豐、同治年間，學者甚尊韓文，
光緒、宣統以後，又盛推柳文。章太炎是民國人，
即爲文學史者，可論至章氏而止。（《澄廬文議》《異
學雜著》110 頁）

15 作大文章而能簡、能潔、能雅、能健，自不失

爲名家或大家。這是後之桐城文派所崇仰處。錢
牧齋之人格不必論，其於文章卻屬正法眼。編定
歸有光全集，在別集中別出一匯曰：公移吏牘，
各有格式，委悉情事，雅俗通曉，乃爲合作。非老
於文筆者不能爲，亦不能知也。錄而存之，略爲一
卷。——其中乞休、申文二首，内容複雜，與生
民休戚息息相關，屬應用文一類。由其於古文慣熟，
而事有激發，故不自覺娓娓千言，亦自成其淵雅。
於此則詞藻無能爲役，誠如錢氏所云："非老於文
筆者不能爲"。值得細玩。比較其上閣老之流諸書，
更切合實事。（《澄廬文議》《異學雜著》116—117頁）

16 有一點極易爲學人所忽略的：古文中有一種義正
詞嚴的語調，極易撼動人，作者隨着那陳套寫下去，
落入武斷而不自知，文法森森，掩蔽了理論之支絀。
若加以邏輯學之分析，往往可見其論難立，或屬非
是，或最尋常屬"半"是而極少"全"是。如言"天
下有道，則行有枝葉；天下無道，則辭有枝葉"（《禮
記》），這似乎是歸納而得的現象，皆或然而未必然，
成了一武斷語。此在《孟子》中已可尋出例子，如
言"楊氏爲我，是無君也。墨氏兼愛，是無父也。
無父無君，是禽獸也。"這在邏輯上大有問題，然

以其詞雄氣盛，辯論可以勝人。葉水心於孟子之學，早已斷斷静論，亦有在於這種地方。文不足以舉理，而氣可以屈敵，終不足以服人之心。若文士不自覺悟，文章仍可作的雄強，然久而久之，自己的思想和理路，可能變到全不清晰了，頭腦變成了頑固，或近於木僵。一動筆，常有的格式和舊套頭，紛至沓來，不費思索，已成文章。此即韓昌黎所説，"惟陳言之務去，戛戛乎其難哉"。陳言，或引經典，或自撰作的，如"與天地同流"……"豈非其中有不足者耶"……皆是熟套，機械似的在轉動。其末路不是自己撰文，而可謂文自成撰，即"文章不得不如此作"。——"文章不得不如此作"，已表示其與真實相遠或相違，倘是"載道"，必非真道。是議論之文猶可，因爲思理之乖謬，明眼人可易於看出，不被瞞過。至若敍記之文呢？不合事實的記述，非但沒有價值，亦且可能誤事，竟是有害，或甚至貽禍不淺。此或非爲文者之初心，然早已成自欺欺人之局了。（《澄廬文議》《異學雜著》142—143頁）

17 生命力之充沛，在語言易見，因爲聲音本身有種種格調，而發言時更有種種姿態或手勢隨之，皆所謂生命力的表現，所以傳情達意。在文章較難見，因爲要使無聲之文字化爲有聲之語言，在心思上增加了一番工事，比較間接。然熟於文字的人，仍然是一看即知；不能，則一誦讀即知：某文有氣或無氣，或文氣通順不通順。——以寫作的技巧言，這包括意思之聯貫與變化與起伏與曲折等，其所用之文詞之采擇，句之長短及其配合，字之聲與調，因而成就之抑揚頓挫，以及分段、成章……等等，一言以蔽之，主旨是使"氣"或"生命力"貫徹、彌漫其間。其辦法不一，故曰無定法。這在造型藝術較易見。如一幅古畫或一紙古字，往往可見或沉雄，或峻潔，飛揚磅礴，有如一大生命力盤旋其間，通常總說，這多麼"生動"，或多麼"新"，雖古，而多麼像"近代"，……便是指這事。（《澄廬文議》《異學雜著》149—150 頁）

18 陽剛與陰柔，此兩原則最原始的出發點，當然在於性別，此古今中外之所同見。在文辭，則語言之分別可頓見，猛厲與温和的語言，凡人一聽能辨。在文章，則需要一番涵泳、揣摩，必於文章有經驗的人始知。在西洋是自亞里士多德以後，亦復講究修辭學與文章作風。如啟克羅（Cicero）便將"美"分爲兩類型，一爲"尊嚴的美"，一爲"温和的美"，實即陽剛與陰柔兩匯而已。此一概念，自啟克羅後，存於西洋文學論或文藝理論中，若隱若顯，而至於近代德意志之康德，亦判分藝術爲"美"與"崇高"二匯，穷其歸極，其所謂"美"即陰柔之美，其"崇高性"似出離想象範圍以外，如海沙之量，星辰之昭，瀑布之力，而亦不過爲陽剛之美而已。其次則席勒（Friedrich Schiller 1759—1805）亦分美爲兩大類型。其說柔美，謂此效用在馴調人性之基本兩衝動，一爲識感（實質）之本能（Stofftrieb），一爲形式之本能（Formtrieb），使不越軌，歸於和緩、得中。其效用在克服人性之軟弱，或增强其一偏之性格，竟無妨使其弱點增大。歸極，仍是一陽一陰，於一切美藝皆然，不徒限於文辭創作（啟克羅之名著，爲《論演說家》，席勒之說，則可參其《美育書簡》）。於此，可知文辭之真理，中西有見其同然。但概括判分陽剛與陰柔，僅表明了其主要性格，其中仍有成分多少之不同量、與附屬性格之不同質。如韓、柳二古文家，皆可謂得陽剛之美，然韓文雄而渾，柳文雄而峻。歐、曾皆得陰柔之美，然歐文和而暢，曾文婉而裁。其間仍有若干不同的格度。即使是一作者，作風也有中年和晚年之不同。柳子厚生平之文，有其三變。凡此皆當細加玩味而後能明。各大家皆自有其獨特風格，要不離此兩大匯分。皆可謂得兩間清淑之"氣"，皆用其自"法"而不必同符，皆有當於"理"則不謀而合。——至若席勒增強一偏之性格，亦屬矯枉過正，理想是仍當得之中和。（《澄廬文議》　《異學雜著》153—155頁）

19 今後在文章上求進步，主要仍是從古代取法，次要乃取西文爲借鏡。凡此於"理"、於"法"之研討，仍着重在散文。駢文之可采者，詞藻而已，亦不必多。因爲文章之佳，不在其詞藻之美。凡"數典之文"、或"習藝之文"，處處有其法度，皆屬於應用，不但爲用於今世，亦當爲用於後世，非以其人之文而傳，而其學必傳者，正學人之所宜留心。貴真實、貴簡明，貴純潔。（《澄廬文議》　《異學雜著》164頁）

20 我在海外談文，又將袁中郎、何心隱（即梁允元）以及徐文長諸人的集子細看了一遍，仍是見不出應加提倡的道理。古文其實也不難讀，不必上窺兩漢，即在唐文，猶可窺見這民族的一點沉雄博大的氣魄，文字并不艱深。一欣賞小品從而模擬，便落入小家數了，使人的精神也卑小下去。

（《星花舊影》《文集》卷四 379 頁）

21 東方有一位大教主説過近似這樣的話，倘若他有兩個錢貝呢，一個當用以買麵包，另一個便要用以買一束百合花。——這教示是高明的。麵包使我們生存，有了麵包還有百合花方可算生活。人不單是有物質需要，還有種種藝術或美術的欣賞，倫理或道德的職責，宗教或精神的修爲等等文化生活的需要。（《談書》《異學雜著》169 頁）

22 在中國，或許在日本亦然，兒童開始認字便要學寫字，一學寫字，便要寫得好。這一番知識上的負擔，在其他用拼音系統語文的民族中沒有，或至少也輕得多。因爲華文，終究以"形"爲主體，從填寫影本、蒙紙描書，以至臨摹碑帖，是一長期訓練，這訓練有絶大的價值。因爲人以此從幼年便養成了美的意識，如佈置的適當，長短大小輕重濃淡的和諧，皆美術上的要素，這推及尋常生活行動，舉措要適當、要和諧，皆不言而喻，有其良好效果。這便是生活的一重要部分，是教養之一端。（《談書》《異學雜著》171—172 頁）

23 論中國書學，淵源頗古。古彝器上的款識銘文，如周時的大篆，其結字，其分行布白，大有"揖讓進退"存乎其間。大抵佔去彝器的一部分面積，非但與其器相稱，即此面積上之每一字，字之每一筆，或説，此多體中之每一單位，每一部分，皆舒服，各自充分發揮其自體之美的效能，而與整體相調合洽適。在自體無扭戾，在整體無乖違。這裏是古代書學之初端，其文字傳世幾千年，而後世仍加欣賞之故。畫的起源同古，六書中之象形便是繪畫，而究竟字的地位處於畫之上者，因爲凡畫的藝術原素或美的元素，字中皆備。其切於生活實際過之，因爲人事上少不了書寫，其廣遍傳布又過之。於此，可見書道比畫道較大，而且，還可説較高。如何較高呢？因爲畫之美或美的原素，是對觀者的較直接的訴與，雖則亦依乎觀者的學養而決定其欣賞程度。在書不然，其美或美之原素皆抽象而又抽象化了，欣賞比較間接，幾乎全部依乎觀者的學養。

（《談書》　《異學雜著》172—173頁）

24 唐人謂"草貴流而暢"，誠然，但"流暢"二字不足以盡草書之美，必"流暢"中又見"沈靜"意味。清人論書之"神品"曰"和平節靜，遒麗天成"，甚得其中奧旨。流暢自易遒麗，但其中仍有“節靜”當求，此即“淹留”，“能速不速”。羲之、獻之父子，千古名家，而子不及父，正因缺少“節靜”，風度不能凝遠。（《談書》《異學雜著》184頁）

25 本來“醜怪”在藝術中有其他地位。這是凡美學中必加討論的問題。一時代人心之所好尚，可證之於其藝術。（姑舍文學不論）凡突兀的，橫決的，破壞性的，可驚奇的，波詭雲譎的，……其功在乎打破庸俗，越軼常軌。庸俗不破，常軌不出，便無從進步。何以好之？因心理上常有此需要，遂成其欣賞，有此表現以成其創作。亦如經濟上之有此供，有此求。相反亦然。但是，有如人在一沉鬱暑濕的陰天，希望的是雷雨。然而人所安樂的，終究是清明和暖的晴天，非是雷雨。（《談書》《異學雜著》187頁）

26 日本之書，較中國者殊異處，通常有二點，一是靈動，二是輕清。中國人之字，有篆、分在前，尤其是大篆，多是沉重。通常是學顏、柳，而顏、柳皆氣力絕大，學之往往墮入沉滯，推不動，日本沒有這一背景，多是從晉人入手，所尊者法帖，所能者行草，那麽，其表現迥乎不同了。靈動可以挽救板滯，輕清可以挽救重濁，其實漢隸之佳者，亦皆無此等毛病，"石門頌"中，竟有草書法度；最肥重如"夏承碑"，實甚靈活。至今日本之書，似尚未有某一家足供我們臨摹，然其佳書，大有供我們參會者在。（《談書》《異學雜著》199—200頁）

卷 九 十二條

1 彼婆羅門不自振作，破落頑鄙，固無論矣。然亦或間氣所鍾，挺生豪傑，如巨靈甘地，開國英雄。如室利阿羅頻多大師，人類先覺。又皆本乎婆羅門道。亭亭蓮植，秀出污泥，灼灼星輝，麗出幽夜，曠百世而一遇者也。大師遠追希臘先哲，東土罕有比倫，孔、墨庸可搯其心，老、莊或足通其意。惜於吾華所知殊少。自有真宰，會其極歸。其學出於韋檀多，理論則奧義諸書皆具矣。夫人不我知，於我何病。己不知彼，斯乃患焉。此澄之所以夙夜勤心，孳孳象寄，亙三十餘年而無懈者也。良由民族有依以不忘之教義，學術有固而可久之真元，得其本乃明其末，知其子復守其母，大體若持，樞要在握，義理深而必究，事功遠而彌彰，使爲我用，乃巨細靡遺，以視斯人，且表裏俱澈，將見道理融洽，風雲會通，邦交大和，人類蒙福。此與夫佛經回譯，削楮言功，互市雙開，一時稱利者，不可同年而語矣。（《徐梵澄傳》引致大使書288頁）

2 當年入道之始，志切求真，未計身家，情同出世，桑三宿而無戀，瓢一累而猶多，遂以半生精力，盡萃於斯。誠欲假此桑榆景光，付之棗梨剞劂，自謂其身可棄，其書可傳。（《徐梵澄傳》引致大使書289頁）

3 嘗歎兩漢經師及古天竺論師，家法師承，守之弗失。非特其學樸茂，抑其人皆至深純，雍容大雅。余於詩學實有所受，然早逾檢括，有忝傳承。年少優游，不勤於力，中間頗求西學，近復摩挲梵典，蓋未嘗專意為詩。於今偶讀師門前輩之作，高華清勁，邈不可攀，嚮使煖煖姝姝，守一先生之言，其成就或不止此。風雅之道，如何可言。間嘗聞之，古之深於詩者，溫柔敦厚而不愚，學詩亦學為人之道，斯則拳拳服膺，有以自期。（《天竺吟草》序 《詩存》楔語2頁）

4 在藝術方面，我其實也曾有一些發端，但多未曾繼續下去。最不成功的最是我所鍥而不捨的，如數十年來所治之精神哲學。現在看來，版畫之類，只算餘事。（《跋舊作版畫》 《文集》卷四173頁）

5 大致先宜將衰弱性的種子，從知覺性的田原中滅絕。這樣先使憂愁痛苦的根苗無從生起，然後可以漸漸脫除奴役，發憤圖強，窮古今，徹中外，無論何種高遠的理想國、樂園、光明世界，終歸不是弱者所能居住的。（《徐梵澄傳》引致友人書388頁）

6 近閱《百源學案》（邵雍，字堯夫，諡康節）頗有感於一事，因抄錄以供研玩：邵子臨歿，程子（伊川）往問疾曰："先生至此，他人無以爲力，願自主張。"先生曰："平生學道，豈不知此？然亦無可主張。"伊川問："從此永訣，更有見告乎？"先生舉兩手示之。伊川曰："何謂也？"曰："前面路徑須令寬。路窄則自無着身處，況能令人行耶？"——此乃閱世極深之後，爲後人作一極佳之箴言。我輩總不免責人太周，而責己也約。（《徐梵澄傳》引致族侄書393—394頁）

7 計平生此爲初次相見，微覺足下氣矜甚隆，則虛懷接物，必有隔閡，故有《老子臆解》之贈。讀者可賞其謙柔之道。茲更貢以四字曰：無言自得。常時以此養心，應有裨益。王陽明之學，似甚簡易，而躬行亦難，端在隨事不昧天良，久乃得其樂。（《徐梵澄傳》引致族侄書404頁）

8 生死，常事也，要在達觀。舉凡人生得失成敗、吉凶禍福，皆爲必有，皆爲相對。豈必有生而不死，有得而無失哉！故一皆委之於天，無動於衷，不擾於靈府。莊生，達人也。足下當檢《莊子》閱之，必釋然矣。修改前人之詩，又可不必，存真爲上策。計回國之後，促其草回憶録者多起，譜家世者亦有多起，一皆未嘗動筆。寫之未始無益讀者，説之亦可娓娓動聽。要於不必要也。居今之世，端宜無咎無譽，獨樂其天。毋妨重内修而稍輕外飾，不自苦也。（《徐梵澄傳》引致族侄書442頁）

9 大致凡有爭執，必平心靜氣，俟稍久而後真情自出，正理亦明，乃可得公平結果。然此事據足下所云，非我負人，實人有負我，此乃不幸之微小者。若侄有負人之處，則其爲不幸乃大。或致有損於人，終身負疚。（《徐梵澄傳》引致族侄書442頁）

10 古人説"靜則生明"，——"明"是生長着的。及至没有什麼疑難之後，便可離棄這書，處在高境而下看這些道理，那時提起放下，皆無不可。這於《奥義書》如此，於《人生論》亦然。書，無論是什麼寶典，也究竟是外物。通常介紹某種學術，必大事張揚一番，我從來不如此作。這屬於"內學"，最宜默默無聞，讓人自求自證。否則變怪百出，貽誤不淺。（《梵澄先生》1987 年 5 月致揚之水信 7 頁）

11 編拙稿成集，細思只合分成三匯，屬"精神哲學"者一，則《薄伽梵歌序》等皆收。屬"藝術"者一，則論書畫者收之，當待大量補充。屬"文學"者一，則自謅之俚句，及所譯文言詩，并詩說者屬之。猶待大量補充，將來合爲三小冊子。此大要也。（《梵澄先生》致揚之水信 101 頁）

12 鄙人之所以提倡陸、王者，以其與室利阿羅頻多之學多有契合處，有瑜伽之益，無瑜伽之弊。正以印度瑜伽在今日已敗壞之極，故室利阿羅頻多思有以新蘇之，故創"大全瑜伽"之說。觀其主旨在於覺悟，變化氣質，與陸、王不謀而合。姑謂爲兩道，此兩道誠有文化背景之不同，皆與任何宗教異撰。亦與唯物論無所抵牾，可以并行不悖。今人總好光怪陸離之論，重外來之新論，而不重自己之家珍，倘於舊物拂拭整齊，當豁然於其聲光之弘麗。五中有主，外邪不侵，治身則然，立國亦爾。

於是鄙人亦老矣，無論如何頑健，總之歲月無多，
而殷殷耗日力於此，有非苟然者也。（《梵澄先生》致
陸灝書 131 頁）

參考書目

《玄理參同》	1973 年 5 月	南印度 阿羅頻多修道院 國際教育中心華文組出版
《老子臆解》	1988 年 3 月	中華書局
《異學雜著》	1988 年 7 月	浙江文藝出版社
《薄伽梵歌》	1990 年 6 月	中國佛教文化研究所
《五十奧義書》	1995 年 8 月	中國社會科學出版社 再版
《蘇魯支語錄》	1997 年 2 月	商務印書館 一版 四印
《陸王學述 一系精神哲學》	1994 年 12 月	上海遠東出版社
《周天集》	1998 年 10 月第 2 版	北京三聯書店
《徐梵澄文集》 第一、四、八冊	2006 年 2 月	上海三聯書店 華東師範大學出版社
《梵澄先生》 揚之水 陸灝 著	2009 年 4 月	上海書店
《蓮屋詩存》	2009 年 10 月	社會科學文獻出版社
《徐梵澄傳》 孫波 著	2009 年 10 月	社會科學文獻出版社
《中國佛學論文集》	1984 年 6 月	陝西人民出版社

後　記

　　很早就想編一本梵澄先生的語録，數年前已在同好中宣傳此事。因爲各種事情，忙忙碌碌，久致遷延。近因校改舊稿，又重讀了有關的書，趁機取裁一過，初得草稿四万餘字。友人陳果兄校閲之後以爲内容薄弱，且在重要的内容上有遺漏。編者體其意，將舊稿增删一過，删去繁蕪，又合併了部分條目。原稿只取結論或警策者則補足其背景文字，在增删的過程中，也愈發看出草稿之不足。特別是在有關語境背景缺乏的情況下，有些條目的意思稍顯隱晦，不容易理解，甚至滋生誤解。增删之後，於此有所補正，但作爲語録選，或者終究不能避免此一缺陷。全編的凡例經過李文彬兄的訂正，他建議在條目後附上底本的原始頁碼，以方便讀者。其他尚有二三友人閲讀了草稿，皆有所賜正。此外，本編的選輯工作也得到孫波老師的支持。編者的工作，在草稿以及增删的過程中，擬議文字之起迄，細細地體會梵澄先生的意思，校訂文字，又反復讀了幾遍。總的來說是令人愉快的事情。但編者自愧淺學，對域外學術及佛教所知無多，雖然在理解能力與範圍以内未敢苟且從事，但學力所至，不可强求，其中自然有讀不懂、或者有依似之解，不能十分相應之處。就本編所取裁的文字内容而言，編者竭盡其能，也不敢說每條都能如理如量地理解。對選編工作，編者不想說太多表示謙虛的話，倘若讀者不棄，願賜以教言，是亦所樂聞也。

2016 年 9 月 2 日編者識於北京采薇閣